中国白
向世界

德化白瓷的历史、艺术与外销

福建省文物局　福建博物院 / 编

展览团队

策 划 组	傅柒生　楼建龙　龚张念　张焕新
展 览 组	林　林　郭月琼　余慧君　刘　阳　彭珠清
	陈纯珍　卢　馨　罗扬扬　刘文斌　罗　东　林　宙
展 品 组	邱新宇　景献慧　于淇楠　陈秋硕
社 教 组	陈梓生　戴　石　杨　哲　万晶迎　杨景斌　陈　驰
	林逸萱　吴凯萍　张鑫濛　曾竺君　付子昱　金语桐
宣 传 组	林　丹　方晴筠　林　多　吕　敏　彭嘉贝　程　茜
文 创 组	黄晓曦　何晓燕　满一婧　张水梅　方诗颖
安 全 组	江　曦　刘景武　原　媛　朱斌宾　吴显华
后 勤 组	林文涛　王　帆　江净沙　陈敬华

主办单位	福建省文化和旅游厅　福建省文物局
承办单位	福建博物院
协办单位	中国国家博物馆　故宫博物院　天津博物馆
	山西博物院　上海博物馆　广东省博物馆
	海南省博物馆　广东海上丝绸之路博物馆
	福建民俗博物馆　泉州海外交通史博物馆
	泉州市博物馆　德化县陶瓷博物馆

序

　　白，乃无色之色，庄子有言"朴素而天下莫能与之争美"。白色被视为具有自然之美、君子之德。

　　在欧洲被通称为"中国白"的陶瓷，指的便是明清时期福建省德化县生产的白瓷。它们以质取胜，以白夺目，契合了温润如玉、浑朴坚致的君子美学，成为中国白瓷的杰出代表，更是中华民族优秀传统文化的生动缩影。

　　德化白瓷不仅为海内所珍，更凭借高超的工艺水平惊艳世界，行销足迹遍及海上丝绸之路沿线各国，被誉为"东方艺术的珍品"。虽历代志书对德化白瓷的记载不多，但德化县境内星罗棋布的古代瓷窑遗迹、世界各大海域古代沉船出水及海上丝绸之路沿线国家出土的德化白瓷、国内外诸多博物馆留传至今的大量珍藏，都是德化白瓷深受中外人民珍视和当年广销海外的实证。

　　由福建省文化和旅游厅、福建省文物局主办，福建博物院承办，中国国家博物馆、故宫博物院、天津博物馆、山西博物院、上海博物馆、广东省博物馆、海南省博物馆、广东海上丝绸之路博物馆、福建民俗博物馆、泉州海外交通史博物馆、泉州市博物馆、德化县陶瓷博物馆十二家单位共同协办的"中国白 向世界——德化白瓷精品展"是 2023 年"5·18 国际博物馆日"中国主会场的四大临时展览之一，集中展示了近一百三十件德化白瓷精品文物，为观众打造了一场古今交融的德化白瓷文化盛宴。

　　作为展览配套书籍，本书收录展览中的文物精品，从两个维度展开系统性阐释：在《中国白 既雅且美》篇中，着重梳理德化白瓷历史发展脉络、艺术特色，并通过典型器物分类呈现其造型体系的多样性；而《向世界 天下宝之》篇则聚焦海上丝绸之路的陶瓷贸易图景，以沉船出水器物、海外出土及传世藏品为实证，论述德化白瓷作为文化使者在跨文明对话中的特殊地位，及其制瓷技艺对世界陶瓷发展产生的深远影响。

　　习近平总书记指出："文明因交流而多彩，文明因互鉴而丰富。"期望通过本书与观众共鉴德化白瓷之艺术魅力，共述无限精彩的中国故事，共续中外互通、美美与共的精神文明，以此坚定文化自信，构建美好生活、促进社会可持续发展。

目 录

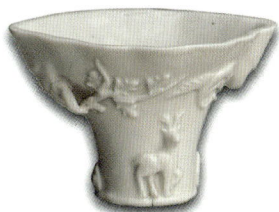

（德化白瓷）乃中国瓷器之上品也，与其他东方名瓷迥不相同，质滑腻如乳白，宛似象牙。

——法国著名汉学家波西尔（1844—1908）

似定器无开片，若乳白之滑腻，宛如象牙光色，如绢细水莹厚。

——清末民初收藏家、鉴赏家赵汝珍（生卒年不详）

德化白瓷"可称为中国古今独一无二的优秀作品……以光滑度来说可称为天下第一"。

——日本学者上田恭辅（1871—1951）

第一章 中国白 既雅且美

　　德化窑是我国东南沿海地区久负盛名的民间窑场，以烧造白瓷而名闻天下。特别是明清时期的德化白瓷，色泽光润明亮，乳白如凝脂，纯净高雅，被世人赞为"至今所做的最美丽的白瓷"。同时，德化白瓷拥有丰富的艺术题材，涵括观音、弥勒、达摩等塑像，炉、觚、瓶等陈设供器，笔洗、笔筒、印章、笔架等文房用品，碗、碟、勺等日用品及其他杂器。它们精巧而富于神思，形成了自身独特的器物谱系。

第一节

窑 火 千 年

　　德化位于福建省中部、泉州市西北部，县域面积2232平方千米，后唐长兴四年（933）置县，宋承至今。作为中国陶瓷文化发祥地和南方三大古瓷都之一，德化地区制作使用陶瓷器的历史悠久。史前时期，德化先民就已开始使用陶器。夏商时期，德化地区开始生产原始青瓷，唐五代时期烧制青瓷。宋元时期，受海外贸易影响，德化窑业兴盛，境内窑场林立，生产规模庞大，以青白瓷为大宗，白瓷次之。明末清初，白瓷生产成为德化瓷业的中流砥柱，享誉世界，并延续至今。

德 化 县 古 窑 址 分 布 图

　　德化位于福建省中部的戴云山麓，林多、水多、矿多，这为德化瓷业的发展提供了丰富的自然资源条件。据《德化县志》记载，德化共有古窑址239处，贯穿夏、商、唐、五代、宋、元、明、清、民国几个时代。

德化窑瓷胎样品常规成分化学分析表

编号	品名	窑址	时代	化学组成（WT%）									氧化物系数	
				SiO_2	Al_2O_3	Fe_2O_3	TiO_2	CaO	MgO	K_2O	Na_2O	MnO	RO_2	$RO+R_2O$
01	白釉梅花杯瓷片	祖龙宫	明	73.38	19.97	0.19	0.09	0.41	0.26	5.02	0.46	0.05	6.22	0.38
02	白釉瓷杯瓷片	祖龙宫	明	74.22	19.16	0.18	0.08	0.40	0.39	5.07	0.37	0.05	6.55	0.41
03	白釉盅瓷片	祖龙宫	明	73.46	20.51	0.17	0.11	0.24	0.25	5.88	0.32	0.03	6.06	0.39
04	白釉碗瓷片	祖龙宫	明	71.92	21.00	0.23	0.13	0.44	0.31	5.94	0.35	0.09	5.79	0.41
05	白釉碗瓷片	岭兜	明	72.81	20.17	0.37	0.07	0.45	0.30	6.29	0.37	0.06	6.07	0.44
06	白釉碗瓷片	岭兜	明	73.16	19.20	0.36	0.08	0.36	0.32	6.56	0.37	0.07	6.41	0.47
07	白釉杯瓷片	岭兜	明	73.62	19.07	0.18	0.09	0.47	0.24	5.86	0.44	0.03	6.53	0.44
08	白釉杯瓷片	岭兜	明	72.66	19.92	0.21	0.12	0.31	0.37	5.57	0.48	0.06	6.17	0.42
09	白釉碗瓷片	后所	明	72.99	20.19	0.38	0.11	0.37	0.14	5.33	0.38	0.05	6.08	0.37
10	白釉杯瓷片	后所	明	72.98	19.93	0.36	0.11	0.31	0.23	5.24	0.34	0.07	6.16	0.37
11	白釉碗瓷片	后所	明	72.47	20.33	0.39	0.10	0.54	0.37	5.74	0.42	0.02	5.99	0.43
12	白釉瓜棱杯瓷片	后所	明	72.90	20.51	0.25	0.11	0.17	0.30	5.43	0.37	0.03	6.01	0.37

此表引自李国清、梁宝鎏、彭子成：《中世纪"陶瓷之路"上的德化瓷及其科技分析》，《海交史研究》1999 年第 2 期。

一、 瓷业初兴

德化的陶瓷生产、使用可以追溯到史前时期。4000 年前新石器时代，先民已经使用黏土制造陶器。距今 3700 多年的夏商时期，德化地区已开始生产原始青瓷。直至五代时期，青瓷仍是德化的主要产品。晚唐五代时期，在德化三班、泗滨村一带制瓷业已初具规模。据德化《龙浔泗滨颜氏族谱》记载，唐末颜化綵编写了我国第一部陶瓷专著《陶业法》，并绘制窑场设计图《梅岭图》。

辽田尖山原始瓷窑址

　　辽田尖山原始瓷窑址位于德化县三班镇桥内村，碳 -14 测年为夏代中期至商代中期，窑炉为窑穴式龙窑，以生产印纹硬陶和原始青瓷为主，是我国目前发现的最早烧造原始青瓷的窑址之一。

辽田尖山原始瓷窑窑炉遗迹

德化辽田尖山窑原始青瓷网纹罐

夏商
高 10 厘米，口径 11 厘米
德化陶瓷博物馆 藏

敛口，胎呈浅灰色，器表施青色薄釉，大部分已脱落，近口
沿处对称穿双孔，饰网纹。残，已修复。

德化辽田尖山窑原始青瓷残片

夏商

德化陶瓷博物馆　藏

- -

　　瓷胎呈灰色，致密，施釉多不均匀，釉层较薄，釉色呈青绿色、青灰色，少量呈青褐色。

墓林窑址

墓林窑址位于德化县美湖镇洋田村上田的墓林，为唐五代时期的窑址。发现有青瓷器物壶、罐、碗、花口洗，以及窑具支垫等。其青瓷胎骨发灰，釉色呈青黄、青褐色。

墓林窑址

德化墓林窑青釉花口洗

唐—五代

高 3 厘米，口径 9.5 厘米，底径 5.5 厘米

德化陶瓷博物馆　藏

- -

　　胎呈灰黄色，施青绿釉微泛黄，底足露胎，釉层有冰裂现象。八瓣花口，浅弧腹，实足，内底一圈垫烧支圈痕，内外壁有八条直道纹。残，已修复。

二、崭露头角

　　宋元时期，德化瓷业有了长足的进步，不断取得令人瞩目的成果，无论规模还是技术都得到迅猛的发展。考古调查发现的宋元窑址主要分布在德化县城关一带，盖德、宝美、三班等地，有龙窑和分室龙窑两种形式。此时生产以青白瓷为大宗，釉色白中泛青，以碗、盘、盒、瓶等日常生活用品为主，在保证实用功能的同时，还注重造型艺术和审美情趣，形成相对独立的产品风格，在古代窑业之林中崭露头角。

碗坪苍窑址

　　碗坪苍窑址位于德化县盖德乡盖德村，出土有2座龙窑遗迹，发现上、下两个文化层，均为宋代堆积，以青白瓷、白瓷为主。下层出土器物胎白，质薄而坚硬，釉色洁白、白中泛青，器形以盒居多，其次是碗、盘、钵、洗、碟、炉、执壶、瓶等。上层出土器物釉色偏青灰，器形有碗、盘、钵、碟、炉、执壶、瓶、军持等。

碗坪苍窑址遗迹

德化碗坪仑窑青白釉印花粉盒

北宋

高 4.2 厘米，口径 8.8 厘米，底径 8.1 厘米

福建博物院　藏

- -

粉盒为八瓣瓜棱圆形，上、下两部分子母口套合，釉色莹润，装饰纹饰丰富。在德化瓷器中，粉盒占有很大的比例，这类器物很可能是用来盛放化妆品的。

德化碗坪仑窑白釉盏

宋
高 5.5 厘米，口径 11.5 厘米，足径 4.5 厘米
福建博物院　藏

　　敞口，斜腹，圈足。盏内外壁均施白釉，底露胎，器身布满
冰裂纹。

德化碗坪仑窑青白釉盘口执壶

南宋
高 17.4 厘米，口径 6.1 厘米，足径 6.4 厘米
德化陶瓷博物馆　藏

- -

　　胎白坚质，青白釉泛灰，施釉不及底。小盘口，粗长颈，溜折肩，鼓腹，矮圈足，带把，长流，把已残，流嘴微缺，釉面有冰裂纹。表面多处留有土沁黄斑，可见旋坯痕。

"泉州：宋元中国的世界海洋商贸中心"于 2021 年成功列入世界遗产名录，德化屈斗宫窑和德化尾林—内坂窑作为其中的遗址点，成为首批列入世界遗产清单的瓷窑类遗址之一。

屈斗宫窑址

屈斗宫窑址位于德化县龙浔镇宝美村，1976 年经考古发掘揭露一座保存较好的元代分室龙窑，出土一批元代瓷器标本。

屈斗宫分式龙窑遗迹

德化屈斗宫窑白釉墩子碗

元

高 6.4 厘米，口径 15.7 厘米，足径 5.5 厘米

德化陶瓷博物馆　藏

- -

　　胎质坚密，通体施白釉。侈口，深腹，圈足，口沿及外壁有粘疤，碗内有土沁红斑。该器形为元代特有的器形之一。

尾林—内坂窑址

尾林—内坂窑址位于德化县三班镇上寮，2020年经考古发掘揭露出跨宋、元、明、清时期的窑炉遗迹4座，出土一批宋至清代青白瓷、白瓷、青花瓷标本。窑炉类型有龙窑、分室龙窑、横室阶级窑，第一次较为完整地在一个遗址中展示出德化窑从宋元时期的龙窑至明清时期横室阶级窑的发展演变过程。

宋·斜坡式龙窑

元·分室龙窑

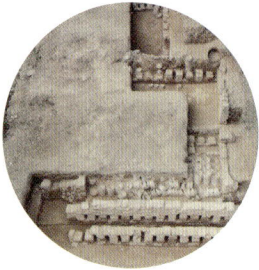

明清·横室阶级窑

尾林—内坂窑址窑炉遗迹

德化尾林窑青白釉标本

宋元

德化陶瓷博物馆　藏

- -

2020 年考古发掘出土，器形有盒、盘、碗、瓶等，釉色白中泛青。

三、登峰造极

　　明清时期，德化窑达到烧制高峰，确立了德化作为中国瓷都的地位。终明一代，白瓷成为德化瓷业生产的主流，且以独具特色的白釉而闻名天下，成为中国白瓷的代表。考古发现的明代德化白瓷窑址，主要分布在龙浔镇、浔中镇、南部三班镇、北部割坑乡一带，又以龙浔镇、浔中镇最为集中，其中部分瓷窑延续至清代。进入清代，德化瓷业窑场作坊遍布县境各地，虽以青花为主流，但白瓷的生产仍然繁荣。

祖龙宫窑址

  祖龙宫窑址位于德化县龙浔镇宝美村破寨山东南侧，与屈斗宫窑址相邻，出土一批元明时期白瓷及窑具，器形有碗、盘、杯、盒、洗、盘、碟、瓷塑等。

祖龙宫窑址遗迹

德化祖龙宫窑白釉盘

明

高 3 厘米，口径 11.3 厘米，足径 5.6 厘米

德化陶瓷博物馆　藏

- -

白胎，施白釉，撇口，饼足，残，已修复。

德化祖龙宫窑白釉摆件

明

高 2.5 厘米，残长 6 厘米

德化陶瓷博物馆　藏

- -

　　白胎，施白釉，残，荷叶形，上堆塑一螃蟹。

德化祖龙宫窑白釉童子立像

明
高 12.7 厘米，底宽 4 厘米
德化陶瓷博物馆　藏

- -

　　白胎，施白釉，底座露胎。瓷俑头饰双发髻，宽额，面带笑容，双手作拱拜持物状于胸前，长衣束腰及膝，着靴立于四方座上。

德化祖龙宫窑白釉羊形水滴

明

高 5.3 厘米，底宽 7 厘米

德化陶瓷博物馆　藏

- -

白胎，施白釉。羊呈屈膝卧地状，背部留一注水孔。

甲杯山窑址

甲杯山窑址位于德化县龙浔镇宝美村，下层为元代窑基堆积，上层为明代窑基堆积。出土的瓷器标本大部分是白瓷，胎色洁白，多数器体较薄，透光度好，釉色有白、乳白（象牙白）、青白等，以乳白釉最多，且釉色莹亮温润。器形有碗、盘、碟、盏、杯、洗、炉、瓶、罐、匙、灯、盒、砚、砚滴、执壶、水注、印模及瓷塑人物、动物等。

甲杯山窑址明代分室龙窑遗迹

德化甲杯山窑白釉梅花杯、玉兰杯

明

高 4.2 厘米，宽 5.7 厘米（左）；高 5.8 厘米，宽 7.1 厘米（右）

德化陶瓷博物馆　藏

德化甲杯山窑白釉胡人纹杯、犀角式杯

明

高 4.7 厘米，宽 6.3 厘米（左）；高 6.4 厘米，残宽 9.1 厘米（右）

德化陶瓷博物馆　藏

德化甲杯山窑白釉标本

明

德化陶瓷博物馆 藏

第二节

器 以 载 道

　　德化白瓷器皿类制品造型繁多，按其用途可分陈设供器、文房器具、饮食器具、生活器皿等，是古人举行祭祀活动，把玩、读书、写字、莳花、焚香、酌酒等雅事的重要载体，其内容、形制、纹饰等均寄托着古人的情感或思想，承载着古人的生活态度。

一、陈设供器

　　德化白瓷中陈设供器多仿照夏、商、周青铜器皿和当时所流行的式样打造，常见鼎、簋、觚、匜、尊、爵等造型，古朴厚重，格调典雅。它们形制大小不一，大者质朴厚重，可作为祭祀礼器和宗教法器，是当时家家户户供奉神明、祭祀祖先的常见用具；小者精巧典雅，可供陈设或案头赏玩，直接体现了古人的审美情趣和对艺术的不同理解。

炉

明清时期德化瓷炉工艺十分考究，样式较多，所见有方鼎式、圆鼎式、六角式、鬲式、钵式、簋式、筒式等。

德化窑白釉饕餮纹簋式炉

明

高 9.6 厘米，口径 15.1 厘米，足径 10.9 厘米

上海博物馆　藏

- -

簋是商周时期重要的青铜礼器之一，传世所见明清德化窑白瓷中仿商周青铜簋的簋式炉器式就有十余种。

此簋式炉唇口，深腹圆鼓，两侧饰一对螭龙耳，圈足稍高，微外撇，器型典雅端庄。腹部饰饕餮纹（兽面纹），以剔刻技法刻成，刀法锐利流畅。胎厚体重，胎质洁白坚实，通体施白釉，釉面温润晶莹，凝重若脂，白中微泛黄，美如象牙。

德化窑白釉夔龙耳簋式炉

清
高 7.8 厘米，口径 11 厘米，腹围 38.6 厘米，足径 9.4 厘米
福建博物院　藏

　　侈口，束颈，鼓腹，双夔龙耳附颈腹间，高圈足，略撇，足沿外凸一周。通体施乳白釉，釉莹润光亮，足底露胎，胎洁白细腻，外底正中有篆书"林氏子信"方章款。

德化窑白釉印花三足鼎式炉

清

高 25.2 厘米，口径 7 厘米，腹径 17.5 厘米

福建博物院　藏

　　口微敛，平沿，方唇外凸，双扁方耳直立沿上，腹微鼓，下收，环底，承三柱足，腹中间饰两周凸弦纹，其内印饰回地夔龙纹，通体饰白釉，釉莹润光亮，白中微泛黄，足中空，足底露胎，胎体坚实，洁白厚重。

德化窑白釉狻猊熏炉

清
高 9.4 厘米，长 8 厘米，宽 7 厘米
福建博物院　藏

- -

　　昂首，张口，睁目，翘尾，四短柱足，呈立狮状。首为盖，子口套狮身，身呈椭圆形，内空，通体施青白釉，釉水肥润光亮，内壁及足底露胎，胎质坚致细白。

　　古代通常将香炉、熏炉上的瑞兽称为"狻猊"，其为传说中龙生九子之一，形如狮，喜静不喜动，喜烟好坐，所以一般出现在香炉上，随之吞烟吐雾。

德化窑白釉印花夔龙回纹筒式三足炉

明

高 8 厘米，口径 11.3 厘米，底径 10.5 厘米

福建博物院　藏

- -

　　直口，平沿，方唇，筒腹，平底微凸，底沿附三如意头状足，外壁饰三道凸弦纹，腹中两周弦纹内印对称夔龙纹，内外壁施乳白釉，釉色莹润光洁，内外底露胎，胎质坚致细白。

　　此炉为明人著《宣德彝器图谱》中所载炉式之一，明清德化窑曾大量制作，传世器较为多见，其造型、装饰均谨守规范。

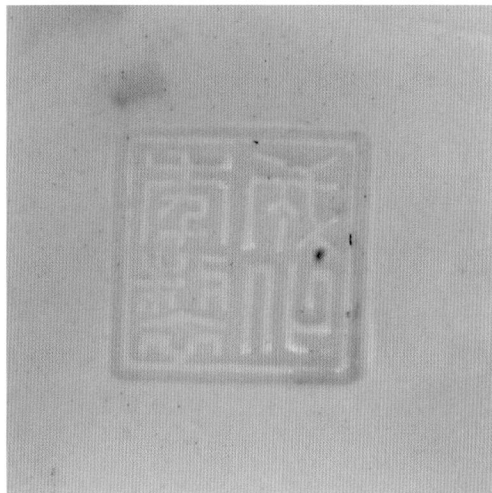

德化窑仿成化款白釉四足鼎式炉

清

高 14.2 厘米，口宽 12.9 厘米，底宽 10.8 厘米，足高 6.5 厘米

福建博物院　藏

- -

　　长方形，直口，平沿，双扁方圆角耳直立沿上，四壁向下微收，底下承托四兽爪足，沿下印回纹一周，通体施白釉，釉色白中泛灰青，莹润光亮，足底露胎，胎体坚实厚重。

　　该炉造型、纹饰仿商代青铜方鼎，外底有篆书"成化年制"方章款，但显然非明代成化朝制品，其款识属于明中晚期至清早期民窑瓷器上流行的伪托款。

觚

仿青铜觚的瓷质花瓶，俗称『花觚』，流行于元、明、清三代，常与香炉等配合用作香案上的供器，也可作厅堂陈设器、文房清供等，器型大小不一，为明清德化白瓷中常见造型。

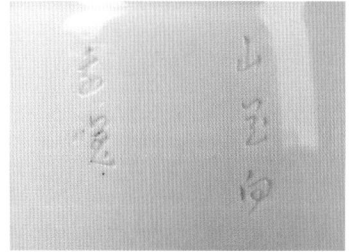

德化窑诗文款白釉花觚

明

高 21 厘米，口径 13.9 厘米，足径 6.9 厘米

福建博物院　藏

喇叭口，鼓形小腹，圈足底。腹部有凸弦纹两道，并有行书题款"山花向我笑"。除里壁外通体施乳白釉，釉水莹润光洁。

德化窑白釉蕉叶兽面纹觚

明

高 38 厘米

中国国家博物馆　藏

　　喇叭口，长腹，中部束腰，圈足。里外施白釉，底满釉，釉色纯正。
外腹上下分饰蕉叶纹，束腰堆贴窃曲花卉及兽面纹，纹饰精美。

德化窑白釉镂雕博古暗八仙纹方花形觚

明

高 44.5 厘米

故宫博物院　藏

　　花觚四方形，敞口，折沿，方形长腹，腹中间束腰凸起，底三层台式，下接四兽面蹄足。通体里外及足皆施白釉。腹上下及束腰处四面均镂空花窗形开光，上腹开光内雕花卉博古图，下腹雕暗八仙纹。"暗八仙"图案，就是将八仙各自的宝物——葫芦、鱼鼓、葵扇、宝剑、花篮、箫管、荷花、拍板单独构图。花觚束腰处雕双喜字铭文。（撰稿人：黄卫文）

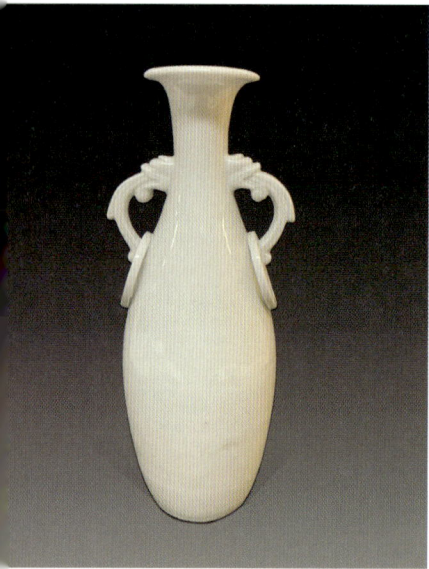

瓶

明清时期德化白瓷瓶样式十分丰富，有玉壶春瓶、蒜头瓶、梅瓶、胆瓶、葫芦瓶、象耳瓶、长颈瓶、天球瓶、狮耳瓶等。

德化窑白釉划花兽耳鱼式瓶

明

高 34.5 厘米，口径 5.3 厘米，底径 1 厘米

故宫博物院　藏

形体修长似鱼形，又称"鱼式尊"，外壁釉下刻划一株在山石间生长的花树，枝繁叶茂，花朵盛开，原陈设于清朝皇家宫苑盛京皇宫或承德避暑山庄内。（撰稿人：黄卫文）

德化窑白釉堆贴螭龙纹长颈瓶

明

高 18 厘米，口径 3.7 厘米，底径 6 厘米

故宫博物院　藏

- -

　　敞口微撇，长颈，溜肩，筒形腹，内凹式圈足。里外及足底施白釉，釉色白中泛黄。外壁口沿下环绕颈部堆贴一口衔花枝的螭龙，为明清德化白瓷常见的装饰技法之一，多见于长颈瓶、天球瓶、洗口瓶、蒜头瓶、执壶等器物之上。（撰稿人：黄卫文）

德化窑白釉兽耳瓶

明

高 14 厘米，口径 6 厘米，腹径 8 厘米，底径 6 厘米

福建博物院　藏

　　小喇叭口，长束颈，颈部饰对称兽首，圆鼓腹下渐收，束胫饰一周凸弦纹，圈足外撇。通体施牙黄釉，足底露白胎。

德化窑白釉兽耳筒式瓶

明

高 21.3 厘米，口径 6.5 厘米，底径 8.8 厘米

福建博物院　藏

敞口，束颈，丰肩，腹部上微鼓下渐收，肩腹间饰对称兽首，平底内凹。施白釉，底露白胎。

德化窑白釉龙凤纹双耳衔环瓶

清

高 22.3 厘米，口径 5.2 厘米，足径 6.7 厘米

福建博物院　藏

器呈六角形。侈口，平唇，口沿下饰云雷纹、蕉叶纹。束颈，颈部饰双兽耳衔环。长溜肩至腹，腹下束底，饰龙凤纹。通体白釉，足底露胎，胎体厚重。

尊

德化白瓷尊常见的形制有圆尊、兽耳尊等，用于盛酒或做陈设用器。

德化窑白釉暗刻花卉纹尊

清
高 9.1 厘米，口径 10 厘米
福建民俗博物馆　藏

- -

　　花尊精致小巧，撇口，收颈，口沿下、底部暗刻蕉叶纹，颈
中部一周暗刻花卉纹饰，通体施白釉，釉面晶莹洁净。

烛台

德化白瓷烛台形制有盘口束颈钟形烛台、莲花高足烛台，以及象生烛台等。

德化窑白釉三足蟠龙纹烛台

明

高 12.6 厘米，口径 5.8 厘米

福建博物院　藏

- -

　　此烛台顶盘犹如一片盛开的荷叶，自然曲沿，盘内中心有一深孔，用以插烛。盘下圆柱连着分立的三兽面足，柱间绕贴蟠龙，张牙舞爪，作翻腾状。整体造型新奇，做工精致。

德化窑白釉牛形插器

明

高 3.8 厘米，宽 3.2 厘米

福建博物院 藏

　　牛昂首摆尾，背负一葫芦状小瓶，立于长方形须弥座上，通体施白釉，釉色白中发青。整体造型生动可爱。用途多样，可供香、插花或作为烛台使用。

二、文房雅玩

　　德化白瓷除了有水盂、烛台、香插、笔筒、砚台、印章等传统文房用具外，还有模拟动植物形态做成的荷叶、海棠、玉兰、花生、佛手、象、狮、蟹、鹤等各类象生瓷。这些文房雅玩造型写意概括、形简韵致、富于雅趣，达到了实用价值与艺术价值的完美统一，不仅是文人的必需品，更是家居陈设的重要补充。

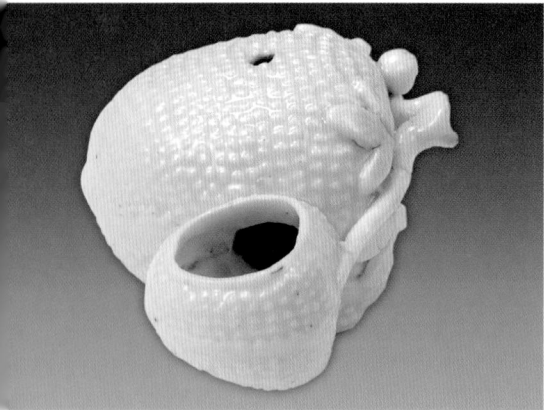

水注

水注是古代文人磨墨时用来装水、滴水的文具，注水于砚面供研墨之用，也叫水滴、砚滴。有嘴的叫『水注』，无嘴的叫『水丞』。

德化窑白釉蟹式水注

明

高 5 厘米，长 16 厘米，宽 11 厘米，足宽 9 厘米

故宫博物院　藏

- -

　　底托为椭圆盘式，盘内堆贴一只螃蟹，托前出弯流，蟹尾连花瓣形入水口，圈足。除底部外通体施白釉。此水注前有注流，后有水口，中部螃蟹腹部可储水，意趣盎然。（撰稿人：黄卫文）

德化窑白釉堆贴龙纹水丞

明
高 5.7 厘米，腹径 8.1 厘米，底径 5 厘米
福建博物院　藏

- -

　　敛口，凸沿，鼓腹，矮圈足，腹壁对称贴饰双团龙和螭龙，通体施白釉，釉莹润光洁，足底露胎，胎洁白细致。

德化窑白釉醉酒人物砚滴

明

高 5.2 厘米，底宽 6.1 厘米

德化陶瓷博物馆　藏

胎白，施象牙白釉，底露胎。一侧开流，人物曲体侧卧，作醉眠状，形神兼备。

德化窑白釉回纹提梁砚滴

明

高 3.5 厘米

德化陶瓷博物馆　藏

- -

　　器身呈长方形，外壁模印回纹，顶面有一小孔和一圆纽，上有提梁，短流，胎洁白坚质，通体施白釉，底露胎。

笔洗

笔洗，作盛水之用，是在毛笔使用后洗去余墨的器具。德化白瓷笔洗一般为敞口、浅腹，以足而分，有三足洗、五足洗、圈足洗、卧足洗等。在众多形制中，较为常见的是仿生洗，包括花、果、鱼、兽等形象，其中楸叶形、荷叶形、枫叶形尤为常见。

德化窑白釉荷叶洗

明
高 4 厘米，口宽 11.5 厘米
福建博物院　藏

状如荷叶，叶面下凹，叶缘微卷形成口沿。叶脉从脐眼向四周放射性伸展。外壁一侧口沿下贴塑两枝叶梗，一枝向上弯曲，连入脐眼；一枝从外底沿壁探出花苞，与另一侧微凸的乳足共同构成器物的底部支撑，自然巧妙，别具匠心。通体施乳白釉，釉莹润光亮，足底微露胎，胎洁白细腻。

德化窑白釉荷叶洗

明

高 6.2 厘米，口宽 26.2 厘米

福建博物院　藏

　　状如荷叶，叶面下凹，叶缘微卷形成口沿。内底微隆，叶脉起棱，从脐眼向四周放射性伸展，脉间叶片自然下凹，形成 5 个卧足，自然巧妙，别具匠心。一枝花苞从外底沿壁探出。通体施乳白釉，釉莹润光亮，足底微露胎，胎洁白细腻。

德化窑白釉荷叶洗

明

高 6.90 厘米，口径最长 26.7 厘米

福建博物院　藏

- -

　　状如大荷叶，叶面向下，叶脉由中心向边沿延伸，叶沿自然
上卷构成九个不规则的弧形，叶内下凹，组成五个不规则足底。
通体施乳白釉，釉水柔润光亮，足底露胎，胎洁白细腻。

德化窑白釉楸叶式洗

明

高 3.5 厘米，口宽 15 厘米

福建博物院　藏

- -

　　敞口，楸叶式，叶形浅腹，并以花叶为六足，盘内外刻划叶脉纹，通体施白釉，釉面光亮，足根露胎。

油灯

油灯是古代人日常生活使用的照明用具，一般分为灯碗和灯座两部分。明清德化窑多有生产，

德化窑白釉油灯

明

高 12 厘米，口径 10 厘米，腹径 3.2 厘米，底径 5.7 厘米

福建博物院　藏

- -

　　分体式。灯碗钵形，敛口，弧腹，圈足，里心有一中空立柱，立柱根部开一孔，以穿灯捻。灯座子母口，上承灯碗，短颈，弧壁，壁上开窗式镂空，圈足外撇。通体施白釉，釉质滋润，釉色纯正。

德化窑白釉堆贴虾蟹鱼油灯

明末清初

高 4.5 厘米，口径 15.3 厘米，底径 18.9 厘米

福建博物院　藏

- -

　　敞口，束颈，鼓腹下收，圈足。灯内堆塑鱼、虾、蟹、莲叶、花瓣等，内心立一空管，管下有一孔通油。外壁近底饰一圈莲瓣纹。通体施白釉，圈足露胎。

砚台

德化白瓷砚台种类繁多，有长方形、方形、椭圆形、圆形、碗形、碟形、抄手式、辟雍式等，造型别致美观、高雅简洁，集实用性与观赏性于一体。

德化窑白釉抄手砚

明
高 4.5 厘米，长 11.6 厘米，宽 6 厘米
福建博物院　藏

- -

　　抄手砚因砚底挖空，两边呈墙足，可以用手抄底托起而得名。此砚台的砚堂平坦而浅，墨池窄小而深。器呈长方形，平底，一边内凹，砚一侧开口，一侧内壁呈斜坡状，一角磕损。胎质坚硬，釉色乳白，釉水肥厚，胎底不施釉。

笔筒

笔筒，盛笔用具，一般为筒状。德化白瓷笔筒以文人崇尚的素雅造型为主，采用刻划文字、镂空等装饰工艺。

德化窑白釉镂雕牡丹纹笔筒

明

高 12 厘米，口径 9.5 厘米，底径 8.8 厘米

福建博物院　藏

- -

　　口微侈，腹呈筒形下微收，镂雕饰牡丹纹，足微撇，平底内凹，通体施白釉。

印章

印章是明清德化窑生产较多的文房用具品种，用于钤在书法、绘画作品上，按用途可分为名号章、闲章等。印纽形式多样，有仙人纽，以及狮纽、象纽、羊纽、螭龙纽等兽纽。除民间广为使用外，少量制品或以贡品的形式进入宫廷，成为宫廷印章的来源之一。

德化窑"孙镛之印"款白釉兽纽印章

清

高 8.3 厘米，宽 5.1 厘米

福建博物院 藏

- -

此印章扁方形，兽纽，如狮兽状凶猛，身披长毛，侧首，张口，咧嘴龇牙，蹲坐，印文篆刻四字两行"孙镛之印"。通体施白釉，积釉处白中泛青，釉莹润光亮，胎体洁白厚实。

德化窑"少穆"款白釉狮纽印章

清

高 5.4 厘米，长 4 厘米

福建博物院 藏

印身四方形，刻篆书"少穆"二字。蹲狮纽，狮转首，张口，
咧嘴龇牙，瞪目，状凶猛。通体施白釉，釉莹润光亮，胎质坚实细白。

三、饮食器皿

　　中国是一个农业大国，饮食文化源远流长，素有"民以食为天"的古谚，因此对饮食器皿也十分讲究。德化白瓷的饮食器皿大致可分为茶酒器、餐厨具两大类，茶酒器有杯和壶等，餐厨具有碗、盘、碟、匙等。这些饮食器皿所承载的传统诗酒文化、社会习俗，无不蕴含了古人的生活情趣、处世哲理及审美意趣。

杯

杯是德化白瓷生活器皿的主要产品，从器式来看，有爵式杯、犀角式杯、椭圆形杯、圆口杯、四方杯、八角杯、花口杯、乳足杯、公道杯等；装饰技法有刻花、划花、印花、模印贴花、堆贴花等；装饰题材有梅花、玉兰、龙、虎、鹿、鹤、诗句文字、人物等。此类器皿形体较轻巧玲珑，胎釉透亮，与装饰图文相映成趣，掌中玩赏令人爱不释手。

德化窑白釉夔龙耳圈足杯

明

高 3.6 厘米，口径 7 厘米，底径 3.6 厘米

福建博物院　藏

敞口，深腹，圈足，腹部饰有一对夔龙耳，胎质坚硬洁白，釉面光润。

德化窑白釉梅花纹八角公道杯

明
高 4.5 厘米，口宽 8 厘米，底宽 5.5 厘米
福建博物院　藏

- -

　　口外侈，呈八角形，直壁往下微收，沿外饰回纹，壁八面凸印对称折枝梅花。内底塑立一空心人像，像足边有一孔通内底，像内立一空心管可通水。杯注水未满不漏，若注水过多，则会通过管道往底外流泄。通体施乳白釉，釉莹润光洁。足底露胎，胎质洁白坚致，闪糯米状光泽。

公道杯又称"平心杯",杯里心所立人像内有空心管道通于杯底小孔。它利用了物理学中的虹吸原理,液体高至人像胸口就会从杯底全部泄出,这样既可以保证古人宴饮时饮用量的所谓公平,又蕴含"满招损,谦受益"的处世哲学。

公道杯内部结构示意图

德化窑白釉花卉纹四方杯

明

高 5 厘米，口宽 7.5 厘米，底宽 4.5 厘米

福建博物院　藏

　　敞口，呈四方形，壁斜下收，平底内凹，外壁四边凸印蟹、花、蜻蜓、树木等，通体施白釉，白釉细润，底露白胎。

德化窑诗文款白釉荷叶形杯

明

高 4.4 厘米, 口径 8 厘米

福建博物院 藏

　　敞口, 呈八弧荷叶形, 斜壁分别有 8 条筋脉状棱, 底心内凹, 脉间叶片下凹, 形成 4 个卧足, 自然巧妙, 别具匠心。外壁刻唐代诗人高适的诗句"主人酒尽君未醉, 薄暮途遥归不归"。通体施乳白釉, 釉莹润光洁。足底露胎, 胎质细白坚致。

德化窑白釉堆贴犀角式杯

明

高 8.9 厘米，口宽 10 厘米

福建博物院　藏

　　明初郑和下西洋，犀牛角随之大量输入，由此开始出现以犀角制作或模仿犀角样式的工艺品。明清德化窑所产白瓷犀角式杯的造型大多杯身上部椭圆形，下部内缩，并在杯身外壁用饰有各种纹样，题材有龙、虎、鹿、鹤、猴、梅花、玉兰、人物等，其中堆贴龙、虎纹的最为常见，俗称"龙虎杯"。

　　此杯敞口，椭圆，口沿呈 12 个连弧状，斜壁下收如圆筒，浅圈足，足沿外凸一周，平底内凹。壁上两端浮雕悬岩，岩间贴饰松梅，间饰以飞鹤、龙纹。壁下贴饰鹿虎，其首向上，间饰以山石。通体施白釉，釉水莹润纯洁。足底露胎，胎质细白坚致。

执壶

德化白瓷执壶形式多样，有葫瓜形、茄瓜形、南瓜形、圆筒形、扁圆形、玉壶春形、方形、罐形、葫芦形等。壶一侧开流，另一侧在肩颈、腹部之间安手柄，手柄有螭龙形、环形、方形等。

德化窑白釉堆贴螭龙纹执壶

明

高 13 厘米，口径 9 厘米

福建博物院　藏

平口，盖套合，筒形腹，外壁中间凸棱一圈，平底内凹。一螭作盖纽，昂首拱立；一螭作流，四爪贴腹壁，回首张口；一螭作手柄，回首拱立。通体施白釉，足底露胎。

此壶巧妙利用堆贴螭龙作为盖纽、流及手柄，神态生动，是明清德化窑白瓷造型艺术的突出代表。

德化窑白釉堆贴折枝花卉纹执壶

清

高 11.5 厘米，口径 4 厘米，腹径 10.7 厘米，底径 7 厘米

福建博物院　藏

- -

　　壶方口内敛，由子母口与壶盖套合，盖面浮雕数枚叶片，贴塑枝形纽。球腹，外壁两侧贴塑折枝花叶。短流，垂耳柄，柄上部呈枝干状。各部位的枝、叶均相连，整体犹如连枝水果。圈足内凹，呈六角形。通体施白釉，釉洁白莹润，盖内、壶口及足底露胎，胎质坚致。

盖碗

德化白瓷盖碗，腹较深，多圈足，一般用于储物。

德化窑白釉堆塑松鹿纹盖碗

明

高 8 厘米，口径 15.3 厘米，足径 8 厘米

福建博物院　藏

　　直口，弧腹，圈足，外壁浮雕花草、鹿等，施白釉，口沿、足跟露白胎。盖缺失。

德化窑白釉堆贴梅花纹盖碗

清
高 12 厘米，口径 15.2 厘米
福建博物院　藏

微敞口，弧腹，圈足，由子母口与碗盖套合。碗盖顶部有一花形
纽，纽四周环绕缠枝花卉，碗身外壁堆贴折枝梅花。通体施白釉，
釉莹润光洁。足底露胎，胎质坚致，洁白细腻。

匙

德化白瓷中的匙根据用途可分为汤匙、药匙等，器形简练大方。

德化窑白釉汤匙

清乾隆年间（1736—1796）

长 14 厘米，宽 4.1 厘米

福建博物院　藏

- -

　　釉色洁白，汤匙尾尖，小平底。

龟粿印

龟粿印又称为饼模、糕印，分龟印、粿印。龟印多呈椭圆形，并雕有寿龟、吉祥文字等；粿印有方形圆印、圆形圆印、两面印等，多雕饰花卉纹等。

德化窑白釉寿桃粿印

清
高 3 厘米，口径 6 厘米，底径 9 厘米
福建博物院　藏

- -

平沿，内挖一桃形浅槽，弧腹，圈足，施白釉，釉面有磨损，
胎质坚致，足跟露胎。

德化白瓷装饰工艺

德化白瓷的装饰艺术丰富多样，有刻划、印花、堆贴、镂雕、雕塑等技法，各种装饰技法的巧妙运用，使德化白瓷在艺术价值和文化内涵上达到了极高水准。

刻划

系用竹、骨、铁制的平口或斜口刀状工具在已干或半干的坯体上刻划花纹。刻花纹饰有凹有凸，其特点是着力较大，雕刻较深，花纹有层次，划花纹饰多呈阴文线条状。德化白瓷上除刻划花卉图案外，还常有诗词文赋和印章款记。

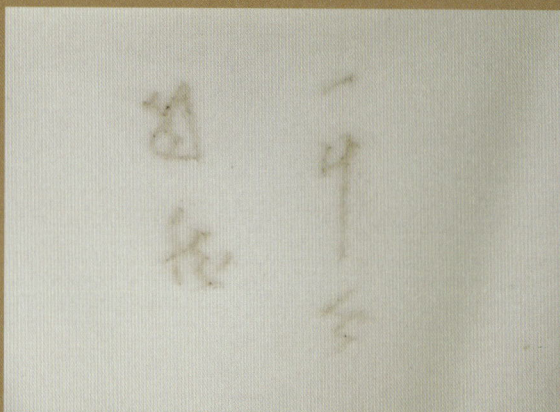

印花

系用带花纹的印戳或模子在陶瓷器上印出纹饰，传统的印花有戳印和模印，后来又增加了转印和网印等技法。印花是德化白瓷极为常见的装饰技法，花纹题材多模仿商周青铜器上的夔龙、饕餮、云雷等纹饰。

堆贴

系印出或塑出立体状的纹饰贴于坯体上的一种装饰技法。德化白瓷堆贴技法运用普遍，常见纹饰有松鹿、螭龙、八仙、梅花等，皆栩栩如生。

镂雕

亦称镂空或透雕，系将某一器物绘好图案后，再用利刀雕透成花纹的装饰手法之一。此工艺常见于笔筒、双层杯、双层碗、香炉等。

雕塑

系利用胎泥的可塑性而制作出具有实在体积的形象。它是德化白瓷最为著称于世的装饰工艺技术，既是一种装饰工艺，更是一种造型技术。匠人运用捏、塑、雕、刻、镂、推、接、修八字技法，开创了德化瓷塑精雕细刻、工巧逼真的造型装饰艺术风格。

第三节

匠 心 塑 韵

德化白瓷雕塑是德化窑的特色产品，明人宋应星《天工开物》中载："德化窑，惟以烧造瓷仙精巧人物玩器。"德化白瓷雕塑，按题材可分为观音、达摩、弥勒、文昌帝君、八仙、关羽、妈祖、寿星、李白等人物塑像，麒麟、狮子、牛、马、狗、喜鹊、螃蟹等动物雕塑，以及桃、荔枝等水果雕塑。其中，艺术感染力最强、影响力最大的当属人物塑像。这与晚明时期德化涌现出众多瓷塑名家是分不开的。何朝宗、林朝景、陈伟、何朝春等大师的瓷塑吸收了闽南一带泥塑、木雕等传统技艺，追求纯粹的雕像美，不添加彩绘装饰，所塑各类人物形态各异、形神兼备，具有极高的艺术品位和鲜明的个性化风格。这些瓷塑风靡大江南北，成为民间案头、居室供奉之物，有的还上达宫廷，为帝后所珍。

一、何朝宗

　　何朝宗，又名何来，出生于福建省德化县，明朝嘉靖、万历年间瓷塑名家，素有"瓷圣"之称。何朝宗博取各家之长，发挥中国传统"传神写意"手法，刻画入微地表现人物的内心世界，形成了自己独特的风格。他擅长泥雕、木雕和瓷雕，尤以白瓷佛造像雕塑驰名中外。何朝宗常用的印章形式有两种：方章和葫芦章，方章的印文是"何朝宗印"，葫芦章的印文是"何朝宗"。

何朝宗印章拓片

德化窑何朝宗款白釉观音立像

明

高 35.5 厘米，底宽 12.3 厘米

故宫博物院　藏

　　观音头戴风帽，发梳高髻，戴如意花冠，面庞丰腴，眉眼低垂，嘴角略带笑意；身披广袖长衣，胸前装饰如意璎珞，双手隐于袖中，作拱手式；下着长裙，赤足立于祥云之上。通体施白釉，塑像内中空。像后背钤有"何朝宗"三字篆书葫芦形印章款。此塑像为清宫旧藏，原供奉于紫禁城内廷外东路宁寿宫花园云光楼养和精舍佛堂内。（撰稿人：黄卫文）

德化窑何朝宗款白釉观音坐像

明

高 20.9 厘米

天津市博物馆 藏

观音舒坐，发髻高耸，眉眼低垂，神态肃穆，左臂下垂，手扶在一卷经书之上，右手自然放在左膝上，双膝交叉，呈交腿坐态，衣纹简练洒脱。后背钤有"何朝宗"三字篆书葫芦形印章款。

德化窑何朝宗款白釉文昌帝君坐像

明

高 47 厘米

福建博物院　藏

　　文昌帝君，又称文昌神，是中国民间信奉的掌理考试命运、主宰士子功名利禄的神祇。

　　此文昌像戴襆头，目形脸，丹凤眼，上下唇及下颌留短须，眉目清秀，神情庄重。内着右衽交领衫，外穿宽袖袍，腰束带，右手执如意，左手扶膝藏于袖内，正面端坐。后背钤有"何朝宗印"四字篆书方形印章款。胎质洁白细腻，釉色乳白，纯净莹润。

德化窑何朝宗款白釉弥勒坐像

明

高 22 厘米

泉州市博物馆　藏

- -

　　弥勒慈眉善目，咧嘴含笑，身披袈裟，袒胸露腹，衣饰线条流畅，刻工精湛，栩栩如生。后背钤有"何朝宗印"四字篆书方形印章款。

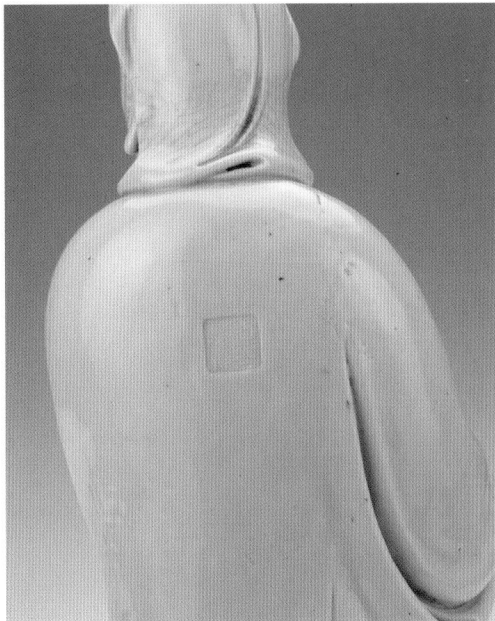

德化窑何朝宗款白釉坐岩达摩像

明

高 33 厘米

山西博物院　藏

- -

　　达摩祖师，是中国禅宗的始祖，倡导通过禅定排除一切杂思念想去领悟佛法。明代之前有关达摩的雕塑造像极少，只见于摩崖石刻或绘画作品中。至明代，达摩祖师开始成为德化窑瓷塑中最喜欢塑造的题材之一。

　　此达摩像身披袈裟，有临风飘逸之感，背后钤有"何朝宗印"四字篆书方形印章款。

二、何朝春

何朝春，又名榛潭，字来生，号振宗，明末清初瓷塑家。何朝春的塑像作品线条优美、形态逼真、构思别致，小巧精致的特色突出。

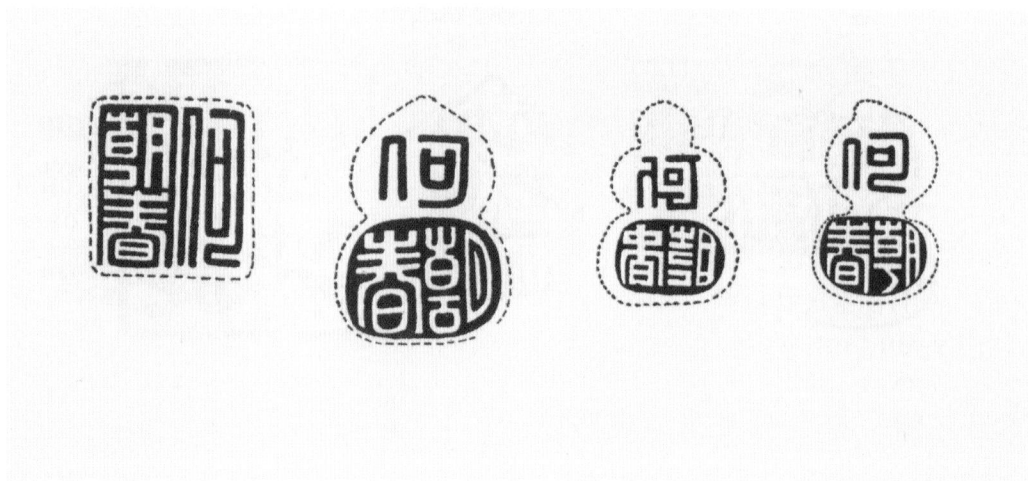

何朝春印章拓片

德化窑何朝春款白釉送子观音坐像

明末清初

高 19 厘米，底宽 12.3 厘米

福建民俗博物馆　藏

- -

　　送子观音是典型的中国化观音形象，该崇拜源于对多子多福的祈盼。明代以后，送子观音瓷塑造像经德化窑推广流行。

　　此观音像头梳高髻，盘坐于洞岩之上，右手怀抱一童子，左手持如意，旁立一童子，双手合十。送子观音坐像后背钤有"何朝春"三字篆书葫芦形印章款。

三、林朝景

林朝景，明末瓷塑家，与何朝宗同期。他的作品与何朝宗作品风格很接近，也许当时曾经互为借鉴。

林朝景印章拓片

德化窑林朝景款白釉弥勒坐像

明

高 13 厘米

福建博物院　藏

- -

　　弥勒长耳垂肩，眉开眼眯，咧嘴翘舌，胖脸笑容可掬，身着广袖长衫，下着长裤，赤脚倚坐于山石上，袒胸露腹，大腹便便。后背钤有"林朝景印"四字篆书方形印章款。像内中空。施白釉，底露胎。

四、陈伟

　　陈伟，明末清初瓷塑家，塑像以观音为主要题材，多带有微笑的脸部神情，产生了鲜明的艺术感染力。其作品背面一般钤印有"陈伟之印"四字印章，有些刻有"山人陈伟"署名。陈伟传世作品极少，甚为珍贵。

陈伟印章拓片

德化窑陈伟款白釉立云观音像

明

高 19 厘米，底宽 12.3 厘米

福建民俗博物馆　藏

　　观音束髻，髻前戴化佛花冠，双目微合，脸庞丰满，面露微笑，身着巾帔，胸前饰璎珞，衣褶自然流畅，双手交叠自然放置身前，赤脚立于云座上。后背钤有"陈伟之印"四字篆书方形印章款。通体施白釉，莹润光亮，底露胎，质坚致。

德化窑陈伟款白釉观音坐像

明

高 20.9 厘米，底宽 5 厘米

天津博物馆 藏

观音低首垂目，面形饱满丰润，神态慈祥，似在俯瞰尘世众生，透过垂拂流转的衣褶，显露出观音肢体之形态，塑像通体白釉。后背钤有"陈伟之印"四字印章款。

德化窑白釉观音坐像

明

高 25.8 厘米，底宽 12 厘米

故宫博物院 藏

　　观音面庞丰腴，口唇涂朱红，神态慈祥，身披广袖长衣，右手扶膝，手握念珠，左手持经卷，呈跏趺状坐于蒲团之上。此像原供奉于紫禁城内廷御花园中的千秋亭一佛龛内，可见德化塑像亦为宫廷所宝。（撰稿人：黄卫文）

德化窑白釉观音坐像

明

高 19 厘米，宽 12 厘米

福建博物院　藏

　　观音结高髻，弯眉垂目，嘴角噙笑，姿容丰秀，身着广袖长袍，胸饰如意，颈挂念珠，左腿盘曲，右腿垂足，左手置左膝上，右手执经卷于胸前，衣袂曳地，衣纹自然流畅。通体施乳白釉，釉水腊润莹亮。像内空露胎，胎质洁白，细腻坚致。

德化窑白釉披坐观音像

明

高 17.8 厘米

泉州市海外交通史博物馆　藏

- -

　　观音束高髻，戴披巾，面目慈祥，身着宽袖长袍，胸饰如意璎珞，左腿盘曲，右腿屈立，环拢双臂，衣袂曳地，衣纹自然流畅。通体施乳白釉，釉色莹润光洁。

德化窑白釉关羽、周仓立像

明

高 8.5 厘米，长 10.5 厘米，宽 4.5 厘米

福建博物院　藏

关羽，字云长，三国时蜀汉名将，经过历代神化，集英雄与圣贤于一身，被尊为"关公""关帝"，也是德化瓷塑人物的经典题材。

关羽五官端正，头戴高帽，目下视，双手藏于衣袖中，双脚直立，衣带下垂。旁边立一武士，即周仓。

德化窑白釉张生爱子人物立像

明

高 25.3 厘米，底径 11 厘米

福建博物院　藏

　　张生头戴官冠，微向左侧，昂首阔视，面钻孔嵌须，身穿官服，浅刻双鹤衔书图，左手下垂，右手持于前。一童子附立于张生身旁，侧首望向张生，右手前举。二人同立于云座上。像平底内空，白釉光润，足底露胎。

德化窑白釉李白坐像

明

高 14.3 厘米，底径 9.2 厘米

福建博物院　藏

- -

　　李白倚坐于石侧，头戴幞头，幞脚垂肩，垂目含笑，面钻孔嵌须，身穿长袍，浅刻云鹤纹补子，腰系玉带，两手掩袖内，左臂支于山石，右臂垂于右膝，左腿盘曲，右腿屈立，衣袂曳地，露皂靴。此坐像刻画了李白酒醉未醒、侧倚沉思的瞬间，气韵生动。通体施牙黄釉，釉水莹润光亮。像内空施釉，座底露胎，胎细白坚洁。

第二章

向世界 天下宝之

　　瓷器一直是中国重要的外贸商品，与丝绸、茶叶一道享誉全球。宋元时期，随着海上航路的拓展，为满足海外市场对名窑瓷器的巨大需求，德化开始大量生产外销瓷器。明清时期，德化白瓷在器物造型、烧制技术、工艺水平、装饰艺术等方面都获得空前发展。它们远销世界各地，成为人们眼中的东方艺术珍品，引发追捧和仿制，在推动东西方陶瓷文化交流方面做出了积极的贡献，在世界瓷艺史上谱写了光辉的篇章。

第一节

梯 航 万 里

宋元时期，在对外开放政策的历史背景下，泉州海外贸易蓬勃发展，至 13—14 世纪，泉州港成为世界上最重要的港口之一。依托泉州港，德化窑瓷器源源不断地销往海外，是海上丝绸之路上重要的出口商品。明清时期，虽然泉州港衰弱了，但是德化窑瓷器通过福州港、漳州港、厦门港继续远销到亚欧美等世界各地，名闻天下。

一、丝路遗珍

　　伴随国内外考古工作持续推进，在海上丝绸之路沿线国家和地区的古遗址、古沉船中不断发现德化外销瓷的踪迹。这些跨越千年的历史见证，不仅实证了德化窑瓷器是东西方经济交流的重要商品，更揭示出德化窑的发展脉络与海上丝绸之路的兴衰同频共振。

华光礁 1 号南宋沉船

华光礁 1 号古沉船是中国考古工作者在西沙群岛的远海地区发现的第一艘古船。船为福船，船体残长约为 19 米，从泉州港出发驶向东南亚地区，沉没于南宋早期。沉船所发掘出的瓷器主要为福建陶瓷器，基本是福建武夷山、松溪、闽清、晋江、德化、南安等地一些民窑。其中的德化窑青白釉瓷数量众多，有印盒、印花四系罐、印花执壶、喇叭碗、小瓶、葫芦形瓶等，装饰手法主要有刻划花和印花。

华光礁 1 号南宋沉船水下考古发掘现场

德化窑青白釉喇叭口瓶

南宋

高 10.8 厘米，口径 5.7 厘米，底径 5 厘米

海南省博物馆　藏

华光礁 1 号南宋沉船出水

　　撇口，呈喇叭状，长颈，鼓腹，圈足外撇，器身布满细碎的开片，
釉色白中泛青。

德化窑青白釉印花粉盒

南宋

高 3.6 厘米，口径 6.8 厘米，底径 5.7 厘米

海南省博物馆　藏

华光礁 1 号南宋沉船出水

- -

　　盒身与盒盖由子母口相连，盒盖顶微弧，盖面饰有印花纹，盖身和盒身饰有菊瓣纹，釉色白中泛青。

南海 1 号南宋沉船

　　南海 1 号古沉船发现于今广东省阳江市附近海域，是保存较为完整的远洋贸易商船。船为福船，船长 30.4 米，船宽 9.8 米，船身高 4.2 米。它从中国出发，目的地可能是东南亚或中东地区，沉没于南宋时期。船舱内整理出数量众多的德化青白瓷制品，主要有大盘、盒、执壶、军持、三足炉、器盖、碗，以及多种类型的瓶、罐等。它们质量精美，胎体洁白，施青白釉，装饰技法有模印、刻划和堆塑等。

南海 1 号南宋沉船遗址

德化窑青白釉印花碟

南宋

广东海上丝绸之路博物馆　藏

南海 1 号南宋沉船出水

　　圆形，折沿口，盘口呈葵花式，盘壁内折，浅弧腹，圈足，盘口沿和盘心饰有印花纹，釉色白中泛青。

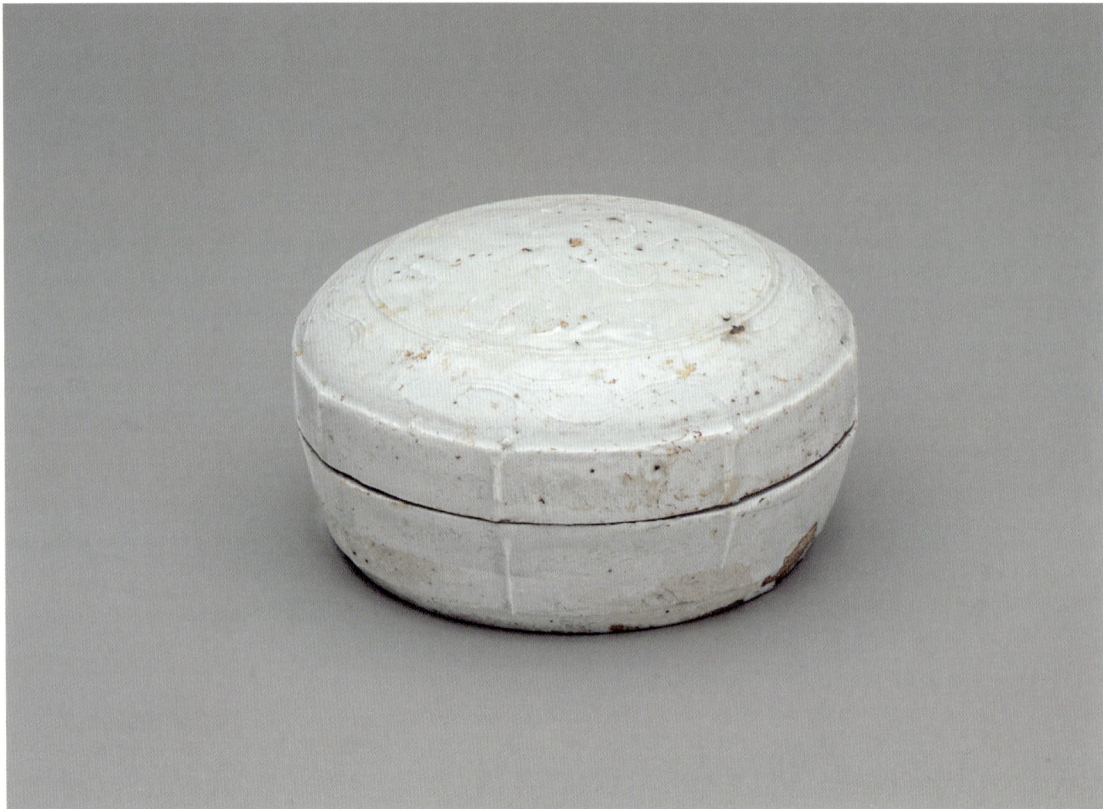

德化窑青白釉印花粉盒

南宋

广东海上丝绸之路博物馆　藏

南海 1 号南宋沉船出水

　　盒身与盒盖子母口设计相连，盒盖顶微弧，盖面饰有印花纹，盖身和盒身饰有条状纹，釉色白中泛青。

德化窑青白釉莲瓣纹喇叭口瓶

南宋

广东海上丝绸之路博物馆　藏

南海 1 号南宋沉船出水

- -

　　撇口，呈喇叭状，长颈，鼓腹，腹部模印有莲瓣纹，制作方
法为分段模制。

德化窑青白釉印花六棱执壶

南宋
广东海上丝绸之路博物馆 藏
南海 1 号南宋沉船出水

　　执壶，又称注子、注壶，为古代盛装酒水类液体的器具。此执壶腹部呈六棱状，壶流细长，在造型上带有明显的仿金属器特征。釉色白中泛青。

德化窑青白釉葫芦瓶

南宋
广东海上丝绸之路博物馆 藏
南海 1 号南宋沉船出水

- -

平口，器身呈葫芦状，矮足，釉色白中泛青。

德化窑青白釉缠枝纹双系罐

南宋

广东海上丝绸之路博物馆　藏

南海 1 号南宋沉船出水

- -

　　直口，方唇，肩颈交界处附有两系，鼓腹，平底，足底露胎，饰有印花纹，釉色莹润光亮，白中泛青。

德化窑青白釉缠枝纹四系罐

南宋
广东海上丝绸之路博物馆　藏
南海 1 号南宋沉船出水

　　四系罐，直口，方唇，肩颈交界处附有四系，鼓腹、平底，足底露胎，饰有印花文，釉色莹润光亮，白中泛青。罐内装 5 个德化窑白釉小瓶，小瓶方唇，长颈，鼓腹，饰有印花纹。大小相套是外销瓷货物的打包方式之一，即在大的器物内套装多件小的器物，此罐内套有 5 个喇叭口小瓶就是一个重要的实证。

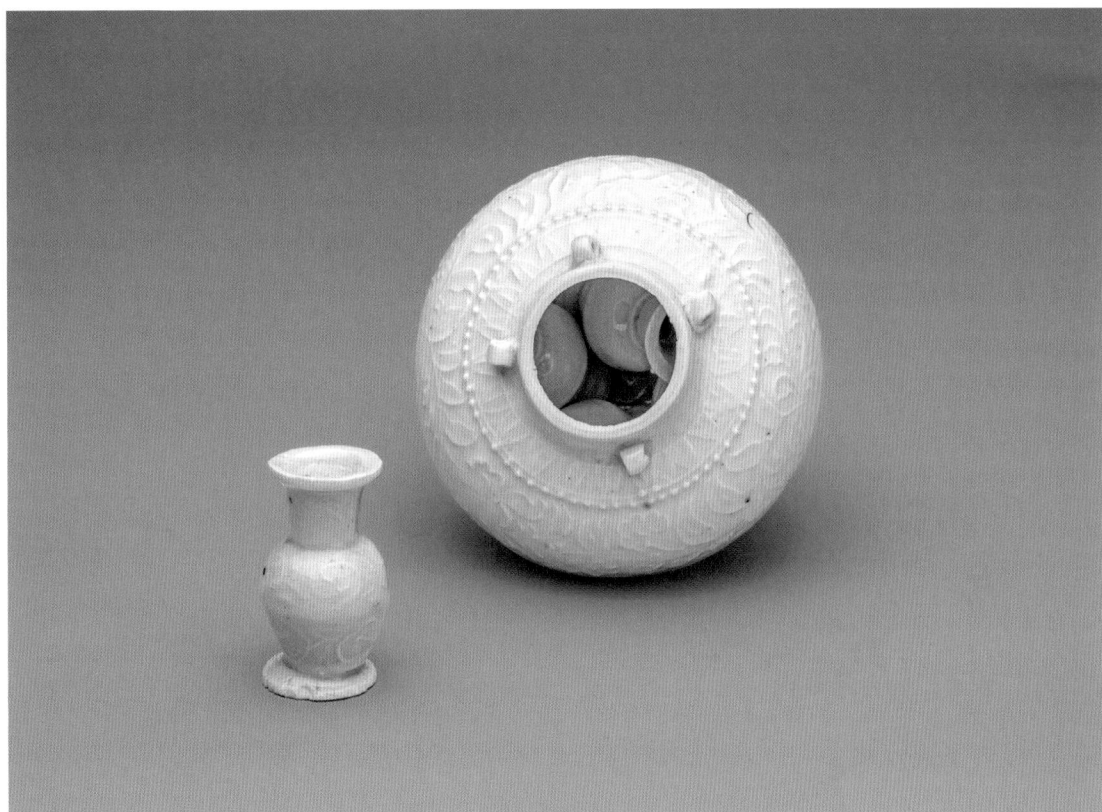

德化窑白釉粉盒

明
大英博物馆　藏
哈彻号沉船出水

　　哈彻号是一艘中国大帆船，于 1643 年至 1646 年在开往巴达维亚（今印度尼西亚雅加达）的途中沉没于南中国海域，出水瓷器 2 万余件。其中德化白瓷 845 件，有碗、杯、盒、觚、炉、壶及包括观音在内的雕塑人物等。

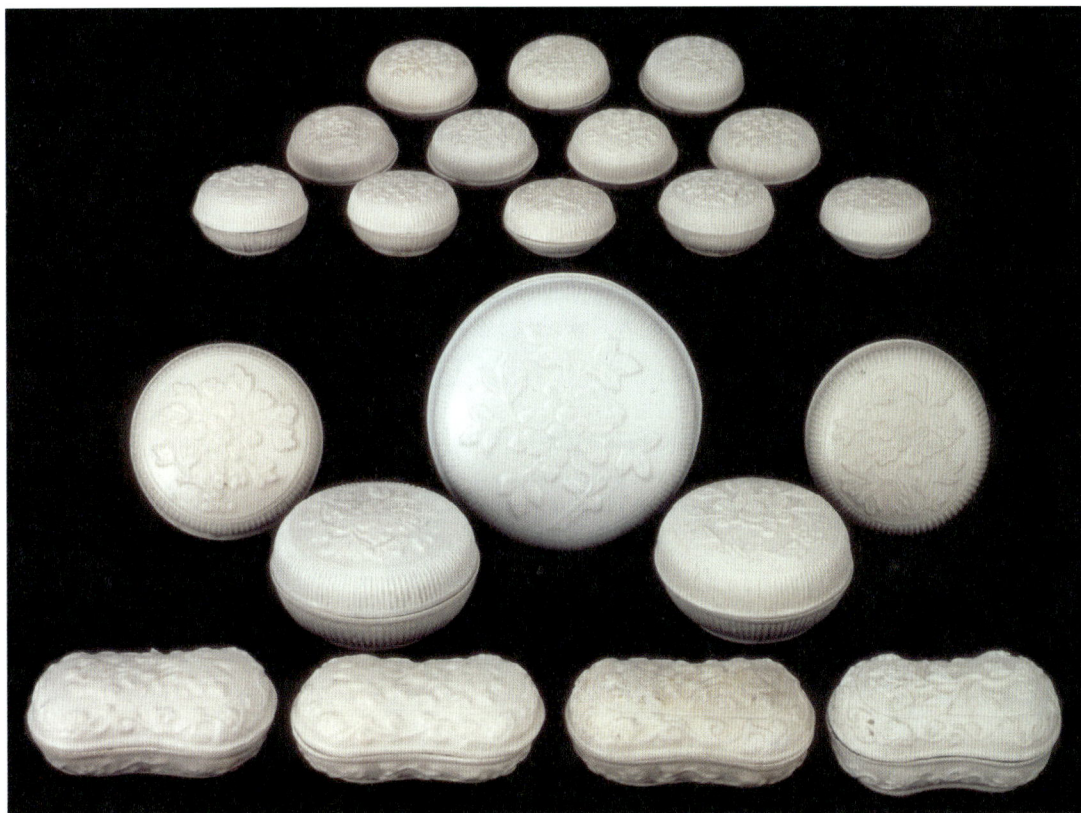

德化窑白釉粉盒及花生形盒

清
头顿号沉船出水

　　头顿号沉船是一艘中国船，发现于越南巴地头顿省，沉没于
中国开往巴达维亚（今印度尼西亚雅加达）途中，船上出水遗物
6万件，部分为康熙时期烧造的德化窑和漳州窑瓷器。

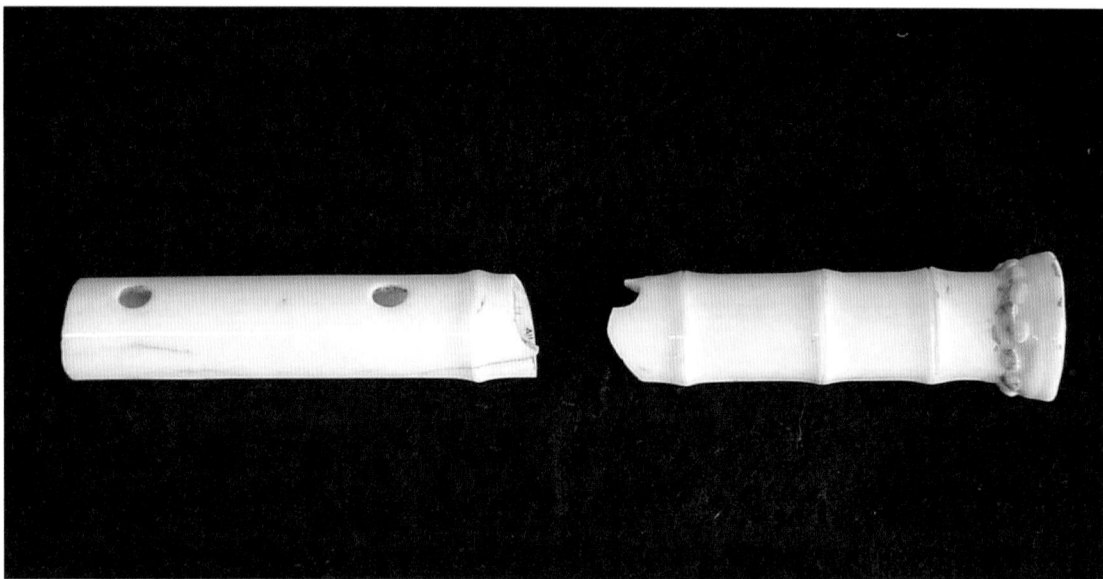

德化窑白釉竹节式箫

明末清初
日本长崎荣町出土

　　制造瓷箫工艺较复杂，不仅要求形同竹箫，而且要求音质纯正。据清代陆廷灿《南村随笔》记载，明代德化瓷箫"百枝中无一二合调者，合则其声凄朗，远出竹上"。由此可见，明代德化瓷箫属于名贵的乐器。

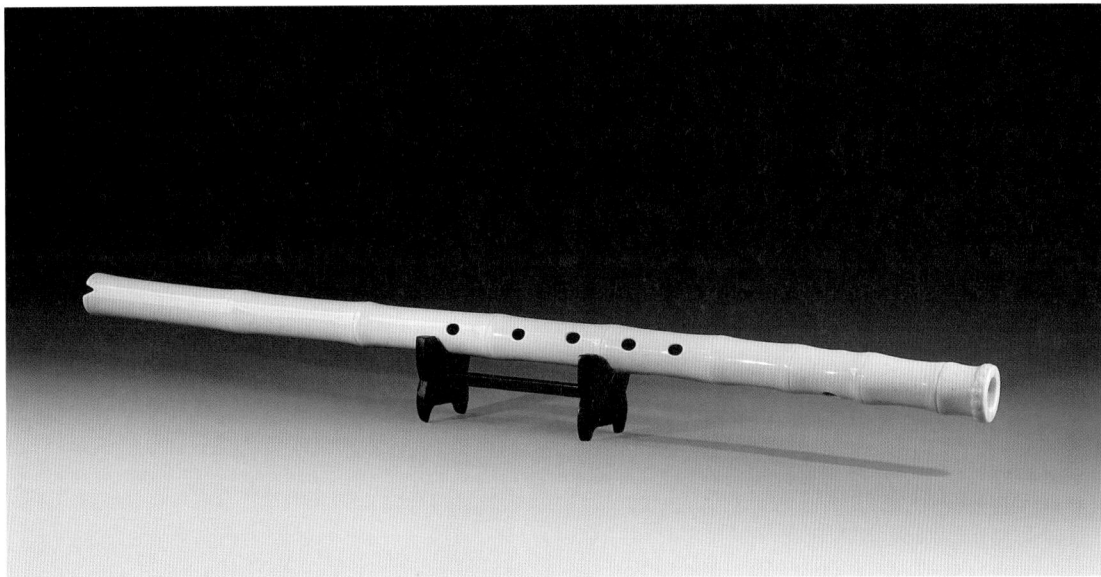

德化窑白釉竹节式箫

清
长 60 厘米
福建民俗博物馆　藏

- -

　　此瓷箫呈竹节形，上端有 1 个吹口，箫身有 6 个音孔，其中 5 个朝上、
1 个朝下，通体施白釉，整体造型秀丽精巧，可吹奏出优美的旋律。

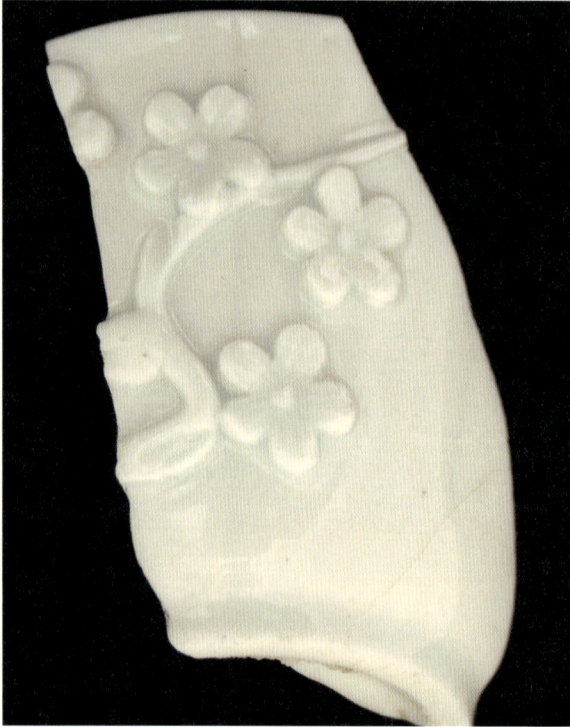

德化窑白釉梅花杯瓷片

明末清初

墨西哥出土

德化窑堆贴梅花纹椭形杯

明
高 7.1 厘米，口宽 12 厘米，底宽 4.2 厘米
福建博物院　藏

- -

　　敞口，椭圆，口沿外撇，斜壁下收，圜底。杯底以花枝形镂空圈足承托，腹壁两侧堆贴折枝梅花、玉兰。通体施白釉，釉水莹润纯洁。足底露胎，胎质细白坚致，闪糯米状光泽。

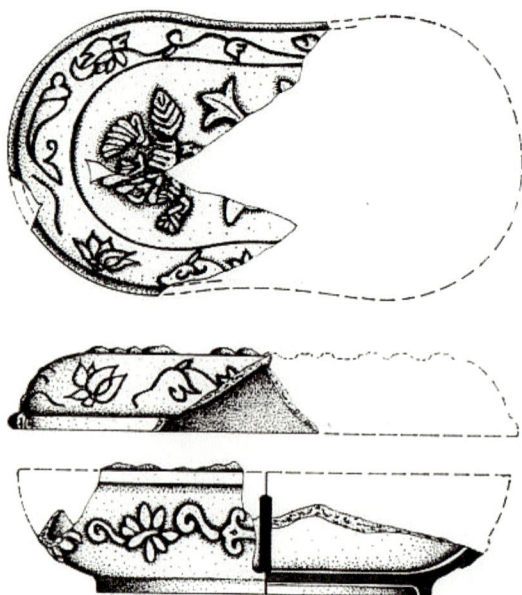

德化窑白釉牡丹纹花生形盒线描图

明末清初

墨西哥西南部瓦哈卡圣多明各修道院出土

德化窑白釉花生形盒

明

高 4.8 厘米，口宽 11.3 厘米，底宽 7.9 厘米

德化陶瓷博物馆　藏

德化甲杯山窑址出土

　　椭圆形，束腰，仿花生状，分盒盖、盒身两部分，由子母口套合。盖面饰折枝牡丹，盒身外壁环绕缠枝莲花，均为浅浮雕模印。胎质洁白致密，口沿、底足不施釉，其余施乳白釉，釉质较润。

德化窑白釉外销瓷

清

南非 Nossa Senhora dos Milagros 沉船出水

德化窑白釉狮子

明

高 9.3 厘米，长 6.5 厘米，宽 4.5 厘米

福建博物院　藏

　　狮呈蹲立状，粗眉，鼻上翘，张嘴露齿，口衔彩带，狮身披卷曲长毛，前脚直立，一脚踏一绣球之上，后脚蹲坐，通体施白釉，足底露白胎。该器应为香插部件，香插部分缺失。

德化窑白釉外销瓷

清

南非 Nossa Senhora dos Milagros 沉船出水

德化窑白釉送子观音坐像

明

高 25.6 厘米，长 11 厘米，宽 7 厘米

福建博物院　藏

观音坐岩座上，右膝上抱一幼童，双目微合，神情慈蔼，身
着宽袖长袍，衣纹洗练流畅，胸前结璎珞，右侧一幼童倚靠，右
侧立一束冠持书小童，足前卧一扭身耽视的獬豸，造像整体错落
生动。通体施奶黄釉，釉水莹润柔和，中空露胎，胎体厚重坚致。

水下考古发现德化白瓷情况表

序号	沉船	时代	发现德化窑白瓷情况
1	哈彻沉船	明	出水瓷器 23000 多件，其中德化白瓷 845 件，有碗、杯、盒、觚、炉、壶及包括观音在内的雕塑人物等
2	牙买加沉船	明崇祯年间（1627—1644）	出水少量德化窑白瓷，产品有觚、杯、炉、壶、碗等日用用品，以及一些宗教瓷塑和西方世俗人物瓷塑等
3	东山县东古湾沉船	明末清初	出水部分德化白瓷，以杯为主，有少量碗
4	西沙北礁 1 号沉船	清	出水有德化白瓷塑像
5	Tankard 沉船	1650—1670 年	发现两块德化白瓷龙纹杯残片和数块梅花纹杯残片
6	哥德马尔森号沉船	清早期	出水有德化白釉杯、碗、盘、盒、人物与动物塑像等
7	头顿号沉船	清康熙年间（1662—1722）	出水有德化窑烧造的白瓷碗、碟、勺子、盒子及瓷塑人像等
8	南非 Nossa Senhora dos Milagros 沉船	1686 年	出水的德化白瓷有牡丹纹槟榔盖盒、贴花梅花纹直颈瓶、贴花梅花纹执壶及佛像、仙人像瓷片
9	牙买加古罗亚尔港沉船	1692 年	发现了多件德化白瓷观音像
10	马尼拉大帆船圣克里斯托布尔戈斯沉船	1693 年	发现有德化白瓷片
11	荷兰东印度公司伍斯特兰德号沉船	1697 年	出水有德化白瓷杯、盒、佛像人物、狮形烛台、动物雕塑等
12	牙买加佩德罗沙岛 5 号沉船	17 世纪晚期	发现 3 件德化白瓷茶杯
13	荷兰东印度公司 Bennebroek 沉船	1713 年	出水有德化白瓷，包括数尊神像、狮子、犬及欧人骑龙形哨子
14	哥德堡号沉船	清乾隆年间（1736—1796）	出水德化窑生产的青花瓷和白瓷，产品有碗、碟、杯、瓷塑人物等
15	英国东印度公司 Griffin 沉船	1760 年	出水了德化白瓷观音塑像和一些较小的道教神仙像
16	越南金瓯沉船	清雍正年间（1723—1735）	大部分是青花瓷，兼有少量德化窑白瓷，其中包括德化窑白釉贴花花卉纹炉和梅枝纹蟾蜍水盂
17	泰兴号沉船	清道光年间（1821—1851）	出水以德化窑青花瓷为主，另有部分德化白瓷，器物主要有杯、盘、碟、碗盒、盖碗、匙等

本表根据万钧《全球化视野下明清德化白瓷的生产与贸易研究》（《故宫学刊》，2021 年总第 22 辑）整理。

二、海外典藏

　　德化白瓷在中国历代外销瓷贸易中扮演了重要的角色，产品外销量巨大。由于其洁白、光亮、高透光度的特质，受到世界人民的青睐，被视为"白色的黄金"。它们作为稀缺艺术品，相继被各国皇室贵族及各类收藏机构珍藏，甚至每一座世界最高层次的艺术殿堂里都有它们的身影。

马可·波罗（1254—1324），世界著名的意大利旅行家和商人。他带回了欧洲的第一件德化瓷，其游记《马可·波罗游记》专门介绍了元朝时期德化白瓷及其烧造过程，为整个欧洲打开了神秘的东方之门。由于马可·波罗带回的德化白瓷和著述中的宣传介绍，意大利等欧洲国家的学者将德化白瓷特称为"马可·波罗瓷"。

马可·波罗

刺桐城（泉州）附近有一别城，名迪云洲（德化），造碗及瓷器，既多且美……制瓷之法，先在石矿取一种土，暴之风雨太阳下三四十年……先人积土，只有子侄可用。

——《马可·波罗游记》

德累斯顿德化白瓷收藏

德累斯顿藏品清单始于 1721 年，终于 1727 年，记载了德意志萨克森公国选帝侯、波兰国王奥古斯都大力王（1670—1733）所收藏的瓷器清单，其中包含了大量的德化白瓷。这批堪称海外最丰富的德化白瓷收藏，如今主要珍藏、陈列于萨克森公国皇宫茨温格宫暨德国德累斯顿陶瓷收藏馆中。

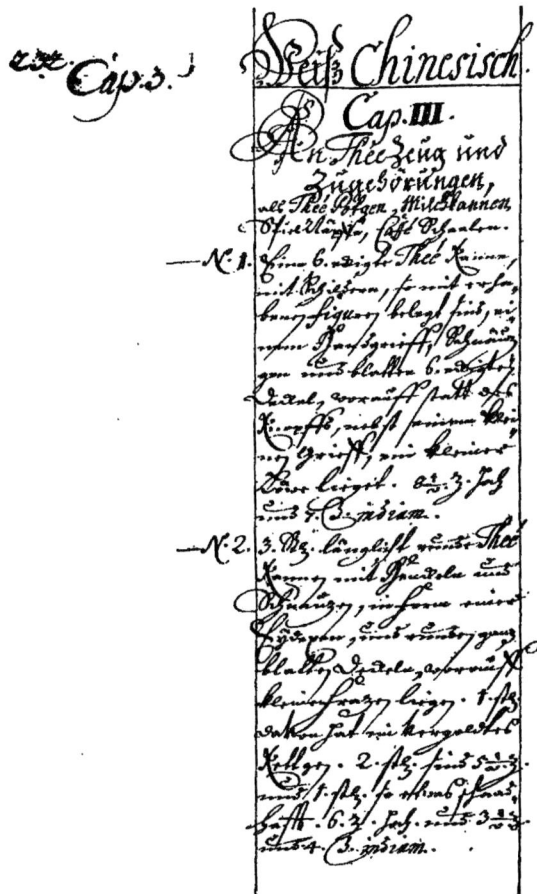

德累斯顿藏品清单（部分）

译文：

中国白瓷茶具及附属品，如茶壶、牛奶罐、碟子、咖啡杯

N1　1 件六角形茶壶，高 8 厘米，直径 7 厘米

N2　3 件筒式茶壶，带螭龙把手和流，高 6 厘米，直径 5 厘米

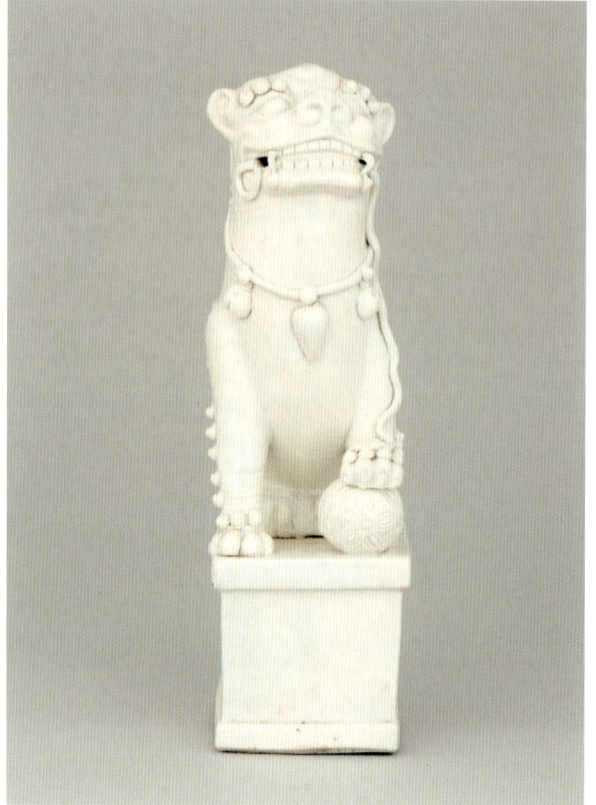

德化窑白釉狮子香插

清

德国德累斯顿陶瓷收藏馆 藏

德化窑白釉狮子香插

明末清初

高 27 厘米，宽 13.5 厘米

福建博物院　藏

狮呈蹲立状，昂首瞪目，张口龇牙，口衔飘带，项套铃环，身披卷曲长毛，粗尾贴背，左前足直立，右前足踏小球。座长方形，内空，右后角立一空心小管，以插香烛。通体施白釉，足底露白胎。

德化窑白釉送子观音坐像

明末清初

德国德累斯顿陶瓷收藏馆　藏

德化窑白釉送子观音坐像

明

高 38 厘米，宽 15 厘米

福建博物院　藏

观音半跏趺坐于岩座，头戴风帽，胸前结璎珞，正视前方，
面目慈祥，右手扶一孩童于膝上，左侧置书一本。通体施白釉，
足底露白胎。

德化窑白釉堆贴螭龙纹执壶

明末清初

德国德累斯顿陶瓷收藏馆 藏

德化窑白釉堆贴螭龙纹执壶

明

高 12.9 厘米，口径 4.8 厘米，底径 8.5 厘米

福建博物院　藏

　　小平口，盖套合，筒形腹，外壁中间饰结带二圈，平底内凹。一螭作盖纽，回首拱立；一螭作流，四爪贴腹壁，回首张口；一螭作手柄，回首拱立，翘尾翻腾。通体施白釉，足底露胎，胎洁白细腻。外底正中有方章，字迹模糊不清。

　　此壶巧妙利用堆贴螭龙作为盖纽、流及手柄，神态生动，是明清德化窑白瓷造型艺术的突出代表。

德化窑白釉十八罗汉朝观音造像

明末清初

德国德累斯顿陶瓷收藏馆 藏

德化窑白釉十八罗汉朝观音造像

清

高 19.7 厘米，底宽 19.1 厘米

福建博物院　藏

　　此为龛式造像，背景衬以山石、树木。观音居最上，面相饱满丰润，作俯视状。右侧立一侍女，左侧一罗汉身微俯，似在向观音诉说，其他罗汉站在山石上等待朝见。罗汉身披袈裟或交领僧衣，身体魁梧，相貌不一。

德化窑白釉带座八角香炉

清

大英博物馆　藏

德化窑白釉带座八角香炉

明

通高 10.6 厘米，通宽 15 厘米

福建博物院　藏

　　器物由炉盖、炉身、底座三部分组成，均呈八角形。炉盖表面饰花卉纹，间以镂空的出烟孔，盖顶及盖面各角均饰以捏塑的花形小球。炉身直口平底，外壁贴附 4 个如意形耳，表面装饰花卉纹图案，下承 8 个象鼻状足，足两侧印花。底座平底，表面饰花卉纹，顶部各角亦饰以花形小球，下承 8 个如意形足。通体施象牙白釉，釉色光润细腻。西方收藏家称此种类型炉为"马可·波罗香炉"。

德化窑白釉十八手准提菩萨坐像

清

大英博物馆　藏

德化窑白釉十八手准提菩萨坐像

明

高 27 厘米，宽 14.6 厘米

福建博物院　藏

　　菩萨头戴宝冠，面容端庄丰盈，神情慈祥，胸挂珠串，腕戴镯，两手收胸前，合掌作"马头印"，身两侧对称伸展八臂，手中各执一宝物，下着长裙，腰饰玉带，飘带两头自肩上分开，穿过玉带飘动于大腿两侧，结跏趺坐于莲花柱上。柱立于浪座中心，左右二龙张牙舞爪，昂首相对，腾跃于汹涌的波涛之中。龙背各立一人，戴冠着袍，拱手执笏作朝奉状。

德化窑白釉亚当与夏娃立像

清

英国维多利亚与艾尔伯特博物馆　藏

德化窑白釉亚当与夏娃立像

清

高 23 厘米，长 6.5 厘米，宽 7.5 厘米

福建博物院　藏

- -

　　亚当的脸型丰润，梳欧式发型，两手交叠，一手自然下垂，上身袒露，腰披裙布，裙布线条流畅。夏娃的脸型略瘦，鼻梁高挺，樱桃小嘴，头发后垂，双手置于腹前，一手挽着裙子。通体施白釉。

德化窑白釉诗文款乳足杯

清

英国维多利亚与艾尔伯特博物馆　藏

德化窑白釉诗文款乳足杯

明

高 10.2 厘米，口宽 14.3 厘米

福建博物院　藏

　　椭圆形，敞口，深腹下收，腹壁一侧刻一鹤独舞，另一侧刻两行隶书"君拍手，我高歌，且进酒，莫辞步"，末署"玉斋""石介"篆书款。杯底略弧，有三乳足。通体施乳白釉，釉水柔润光亮。足底露胎，胎质洁白细腻。外底正中有方章款，字迹不清。

德化窑白釉三足爵杯

清

英国维多利亚与艾尔伯特博物馆 藏

德化窑白釉三足爵杯

明

高 7 厘米

福建博物院 藏

- -

　　敞口，口沿外撇，口沿内壁堆塑对称立柱，圆腹，腹一侧有把手，外壁堆塑花纹，下承三兽足，施白釉，足底露胎。

德化窑白釉四足鼎式炉

晚明

新加坡亚洲文明博物馆 藏

德化窑白釉四足鼎式炉

明
高 14 厘米，长 12.6 厘米，宽 8.5 厘米
福建博物院 藏

　　长方形，直口平沿，方唇外折，双耳扁方立于口沿上，炉身
四角出脊，四面以回纹作地纹，腹壁上部饰夔纹，下部饰饕餮纹，
下承四蹄形扁足，足面饰如意纹，通体内外施牙黄釉，釉水纯净
莹润光亮，足底露胎，胎洁白细腻。

德化窑白釉兽耳瓶

明末清初

新加坡亚洲文明博物馆 藏

德化窑白釉兽耳瓶

清

高 31 厘米

福建博物院 藏

- -

撇口，短束颈，宽肩长腹，形似象腿，底微外撇，平底内凹，
腹部堆塑对称双兽耳，施白釉，底露胎。

包含瓷器、猴子与鸟类的静物画

约 1735 年

法国巴黎装饰艺术博物馆 藏

- -

　　画面中陈设架的第二层格子最右边摆放着德化窑白釉梅花杯。

德化窑白釉堆贴梅花杯

明

高 5.1 厘米，口宽 8.2 厘米，底宽 4.1 厘米

福建博物院 藏

- -

　　敞口，椭圆形，斜壁圜底，杯底以花枝形镂空圈足承托，腹壁两侧堆贴折枝梅花，通体施白釉，釉莹润光洁，足底露胎，胎质坚致，洁白细腻。

雅克·安德烈·约瑟夫·阿韦德《布里昂伯爵夫人憩饮图》油画

1750 年

美国西雅图艺术博物馆 藏

画面左上角陈列了一件德化窑白釉犀角式杯。

德化窑白釉堆贴梅鹿纹犀角式杯

明

高 6.8 厘米，口宽 11 厘米，底宽 4.3 厘米

福建博物院 藏

- -

敞口，椭圆，口沿呈十二连弧形，斜壁下收成直筒状，浅圈足，足沿外凸一周，沿下两端堆贴侧悬山石，壁间分别贴饰梅鹤云龙，壁下贴饰立鹿、山石，通体施乳白釉，釉水莹润柔和，足底露胎，胎质洁白细腻。

国外博物馆收藏德化窑瓷器简表

国家	单位	地点	年代	藏品简况	备注
日本	东京国立博物馆	东京	明清	佛像等	
	出光美术馆	东京	明清	佛像等	
新加坡	亚洲文明博物馆	新加坡	宋至民国	佛像、文昌、西洋人物组雕、盒、瓶、壶、洗、罐、狮子、小动物、瓷印、炉、杯、灯、盘等	帕米乐·希莉与丈夫弗兰克将其所有德化窑藏品捐赠给此馆
	李光前自然历史博物馆	新加坡	宋、明	盒、罐、瓶等	
	国家遗产委员会	新加坡	清	佛像等	
英国	大英博物馆	伦敦	宋至清	宋军持、粉盒,明何朝宗的观音、关羽、释迦牟尼像,清阿拉伯和十字架瓷器以及各种日用、陈设器等	是欧洲德化窑瓷器收藏种类最齐全的博物馆之一
	维多利亚与艾尔伯特博物馆	伦敦	宋至清	瓶、壶、盒、人物、佛像等,有何朝宗款观音立像	
	戴维德基金会	伦敦	明清	瓶、炉、水注、盒、碗、盘、洗及观音等,包括多件何朝宗款观音及其他匠师款作品	
	苏格兰国家博物馆	爱丁堡	宋至清	人物、瓶、炉、壶、杯、盘、洗等	
	阿什莫林博物馆	牛津	宋至民国	炉、瓶、壶、人物、佛像、洗、盒等,其中青白釉划花盘及青白釉莲纹瓶(又称"马可·波罗瓶")属宋代精品	该馆的这部分藏品年代较早且珍贵,在海外德化窑收藏界有一定影响
	布伦海姆宫	牛津	元明	杯子、欧洲人物塑像、佛像、炉、瓶、壶等	原英国首相丘吉尔家族的私人收藏馆
	菲茨威廉博物馆	剑桥	明清	炉、壶、瓶、杯等	
	杜伦大学东方博物馆	杜伦	明清	杯、碗、盘、簋、觚、笔舔、水仙盆、盒、炉、壶、瓶、印章、笔筒、船、佛像、文昌、禄星、西洋人物、送财童子等	
	鲍斯博物馆	杜伦	清代	佛像等	

国家	单位	地点	年代	藏品简况	备注
英国	东亚艺术博物馆	巴斯	明清	鼎、瓶、罐、炉、盘、碗、杯、水丞、人物等	
	陶瓷与艺术博物馆	斯塔福德郡	清	尊、杯、佛像、西洋人物等	
	巴勒珍藏馆	格拉斯哥	明清	瓶、壶、碗、印章、佛像等	
	城市美术陈列馆	格拉斯哥	明清	瓶、壶、人物、杯等	
	布里斯托尔城市博物馆与美术馆	布里斯托尔	明至民国	炉、瓶、佛像等	
德国	德国德累斯顿陶瓷收藏馆	德累斯顿	宋至清	有1255件（400多套）德化瓷器，大部分为白瓷，有佛像、人物、碗、碟、罐、瓶、匙、壶、盒、杯等	该馆陶瓷藏品建立在奥古斯都大帝收藏的基础上
	夏洛登堡宫	柏林	明清	杯、炉、瓶等	
	手工艺品博物馆	法兰克福	明清	炉、杯、碗、瓶、人物等	
	科隆工艺艺术博物馆	科隆	明清	杯、瓶、人物等	
	卡塞尔博物馆	卡塞尔	明清	杯、炉、瓶、人物等	
	恒特恩斯博物馆	杜塞尔多夫	明清	有炉、瓶、杯、壶等	
	汉堡艺术及工艺博物馆	汉堡	明清	炉、瓶、杯、壶、人物、佛像等	
法国	吉美博物馆	巴黎	明清	炉、瓶、杯、壶、盘、洗、人物、佛像等，包括何朝宗款蒲团观音坐像	
荷兰	博侬曼斯博物馆	鹿特丹	明清	杯、洗、瓶等	
	海牙市立博物馆	海牙	明清	瓶、壶、炉、人物等	
	荷兰国立民族学博物馆	莱顿	明清	杯、瓶、炉、人物、佛像等	
	格罗宁根博物馆	格罗宁根	明清	杯、炉、人物等	
	普林西霍夫博物馆	吕代登	明清	杯、碗、洗、瓶、佛像等	
	荷兰国立博物馆	阿姆斯特丹	明清	杯、瓶、炉、人物等	
	克罗勒·穆勒博物馆	阿姆斯特丹	明清	瓶、炉、洗、杯等	

国家	单位	地点	年代	藏品简况	备注
比利时	布鲁塞尔皇家艺术博物馆	布鲁塞尔	元明清	炉、瓶、杯、人物、佛像等	
	迈耶美术馆	布鲁塞尔	明	人物、佛像等	
	德马里门特国家博物馆	德马里门特	明清	瓶、杯、壶、炉等	
	柯蒂乌斯博物馆	列日	明清	瓶、杯等	
挪威	国家博物馆	奥斯陆	元明清	杯、炉、瓶、人物、佛像等	
	挪威国家美术馆	奥斯陆	明清	碗、杯、碟、洗、人物等	
	威特兰科工业艺术博物馆	卑尔根	明清	杯、瓶、壶、人物、佛像等，包括何朝宗款观音	
丹麦	哥本哈根博物馆	哥本哈根	元明清	杯、壶、炉、洗、瓶、人物、佛像等	藏品目录中最早的为1690年
	丹麦艺术与设计博物馆	哥本哈根	明清	杯、瓶等	
瑞典	东亚博物馆	斯德哥尔摩	明清	炉、杯、瓶等，及纪年器等珍贵藏品	
	德罗宁汉	斯德哥尔摩	明清	瓶、杯、壶、人物等	斯德哥尔摩郊外皇家宅邸的中国宫，1769年开始一直存放
	肯佩藏馆	斯德哥尔摩	明清	人物、佛像、杯、碟、瓶、壶、炉等	世界最大私人藏馆之一
	霍劳尔博物馆	斯德哥尔摩	明清	人物、佛像、杯、碟、瓶、壶、炉等	
	东印度公司博物馆	哥德堡	明清	炉、瓶、杯、壶、人物、佛像等	有判断为哥德堡号沉船年代的器物
	罗兹博物馆	哥德堡	明清	壶、杯、炉、人物等	
瑞士	鲍尔基金会远东艺术博物馆	日内瓦	宋至清	盒、罐、炉、瓶、壶、笛子等	
意大利	国际陶瓷博物馆	法恩扎	清	佛像等	
	中国民族志艺术博物馆	帕尔马	明	杯等	

国家	单位	地点	年代	藏品简况	备注
意大利	装饰艺术博物馆	都灵	清	花盆等	
拉脱维亚	里加艺术博物馆	里加	清	佛像、文昌等	
俄罗斯	俄罗斯国家东方艺术博物馆	莫斯科	明清	佛像等	
美国	美国国家历史博物馆	华盛顿	明清	杯、壶、瓶、炉、佛像等	
	弗里尔美术馆	华盛顿	明清	炉、杯、瓶、佛像等	
	西雅图艺术博物馆	西雅图	明清	杯、瓶、炉等	
	大都会艺术博物馆	纽约	明清	佛像等	
	纽约市博物馆	纽约	明清	杯、炉、人物、佛像等	
	布鲁克林博物馆	纽约	明清	佛像等	
	沃兹沃思雅典艺术博物馆	哈特福德	明	佛像、瓶、杯等	
	波士顿美术博物馆	波士顿	明清	炉、杯、碟、瓶、佛像等，有何朝宗款瓷塑	
	哈佛大学博物馆	剑桥	明清	佛像等	
	沃尔特艺术馆	巴尔的摩	明清	杯、炉、瓶等	
	巴尔的摩艺术博物馆	巴尔的摩	清	佛像等	
	芝加哥美术馆	芝加哥	明清	炉、杯、壶、人物等	
	费城艺术博物馆	费城	明清	瓶、炉、杯、人物等	
	卡耐基艺术博物馆	匹兹堡	明清	佛像等	
	亚洲艺术博物馆	旧金山	明清	佛像等	
	德杨纪念馆	旧金山	明清	杯、炉、壶等	
	洛杉矶县立艺术博物馆	洛杉矶	明清	佛像等	
	J·保罗·盖蒂博物馆	洛杉矶	清	人物、茶杯等	
	底特律美术馆	底特律	明清	佛像等	
	纳尔逊艺术博物馆	堪萨斯城	明清	佛像等	

国家	单位	地点	年代	藏品简况	备注
美国	克利夫兰美术馆	克利夫兰	明清	佛像、笔筒、炉等	
	耶鲁大学美术馆	纽黑文	明清	炉、杯、佛像等	
加拿大	皇家安大略博物馆	多伦多	明清	杯、炉、人物、佛像等	
	加丁纳博物馆	多伦多	明	鸟形雕塑等	
	蒙特利尔市博物馆	魁北克	明清	杯、炉、瓶等	
澳大利亚	新南威尔士艺术馆	悉尼	清	佛像等	
	澳大利亚国立维多利亚美术馆	墨尔本	明清	炉、香插、杯、觚、盘、碗、佛像等	

本表根据万钧《全球化视野下明清德化白瓷的生产与贸易研究》（《故宫学刊》，2021年总第 22 辑）整理。

第二节　美美与共

　　宋元时期，中国以外的世界各国尚无法制造瓷器，明清时期外国的瓷业尚处于起步阶段，中国瓷器仍然在世界上处于领先地位。外销时，有着圣洁、光明与善爱之意的德化白瓷不仅满足了人们的审美要求，而且满足了当地人们的实用需求，对国外一些地区的饮食等文化产生了直接影响，为中外经济文化交流和中国古代制瓷技术的传播做出了有益贡献。

一、中外融通

　　在德化白瓷的外销过程中，中外优秀文化相互融合、相互共鸣。德化匠人善于根据各国的不同民情风俗，设计制造出适合不同地区生活习俗的各式器皿，比如马克杯以及圣母玛利亚、亚当、夏娃、骑士等起居生活像，广泛迎合了海外市场。在被接受的过程中，德化白瓷也会根据消费地的审美风尚、生活需求，在当地被重新装饰和加以改造。

德化窑白釉人物摆件

清

大英博物馆 藏

德化窑白釉镶金瓷碟、杯

清

大英博物馆　藏

德化窑白釉金彩马克杯、德化窑白釉彩绘马克杯

清

英国维多利亚与艾尔伯特博物馆　藏

德化窑白釉军持

宋

高 12 厘米，口径 6.5 厘米

福建博物院　藏

　　敞口，平沿，长颈，丰肩，折腹，肩腹部置一直流，腹上部模印花纹，下部刻瓣纹，平底。施白釉，底露胎。

　　"军持"是从印度的佛经中翻译过来的，意思是"水瓶"，原为佛教僧侣随身携带的"十八物"之一，是用来饮水或者净手的器皿。军持，源自域外，又经由中国制造，重新输往域外，被中外社会所喜爱。

德化窑青白釉大口碗

北宋

高 6.7 厘米，口径 26.9 厘米，底径 9 厘米

德化陶瓷博物馆　藏

　　撇口，斜腹，假圈足，通体施白釉，足露胎，碗内底部有一道叠烧形成的弦纹，留有 5 个支钉痕迹，有三道裂纹，内壁刻划水波纹。

　　宋元德化窑大型碗和盘的口径都在 25—30 厘米之间，形体之大，在同时代十分突出。此类碗盘大量外销，很适合许多国家围坐饮食的习惯。

德化窑白釉镂雕牡丹纹炉

明

高 9 厘米，长 18.5 厘米，宽 18 厘米

福建博物院　藏

　　炉口及炉身镶嵌有金属，鼓腹，镂雕饰牡丹纹，圈足，后配
有珊瑚纽灵芝如意纹木盖和蝙蝠纹木底座。

德化窑白釉寸罗汉与匣钵

明

高 8 厘米，口径 26.5 厘米，底径 24.6 厘米

德化陶瓷博物馆　藏

　　匣钵为泥质灰陶，钵内有27尊小罗汉立像。小罗汉胎白质坚，通体施白釉，衣饰简练，形象朴拙。其中一小罗汉为荷兰人形象。

德化窑白釉童子观音坐像

明

高 34.8 厘米，底宽 15 厘米

德化陶瓷博物馆　藏

- -

　　观音束高髻，双目微闭，身着广袖长衣，线条流畅，跏趺坐于岩石上，左侧几上置一瓶，左前侧立一西洋人形象的童子，双手合十，作拜状。

德化窑白釉填彩圣母玛丽亚立像

清

高 65.5 厘米，宽 10 厘米

福建博物院　藏

　　玛丽亚立于岩座上，正视前方，眉目祥和，头梳高髻，作仕女装束，左手自然垂下，右手捧于身前。通体施白釉，釉上填彩多数已剥落，仅见发髻的黑彩、云肩的红彩、围裳的龟背纹小团花赭红彩。

17 世纪末—18 世纪初英国东印度公司货船德化白瓷贸易记录

序号	船名	时间	简况	备注
1	Nassau	1699年返回英国	175尊圣母玛利亚像、70件仕女婴孩像、71件较小的仕女像、37件大白狮、1247件小白狮、255件白釉罐和把杯、497件白釉把杯、1470件白釉巧克力杯	1699年在伦敦转卖
2	Dorrill	1702年4月以前返回英国	4200件白釉巧克力杯、52尊圣母玛利亚像和42件仕女婴孩像	1702年4月出售
3	Dashwood	1701年冬驶往厦门	圣母玛利亚像、讲坛教士像、仕女婴孩像、人物骑兽像和各种鸟、兽像和白釉把杯，还包括了一系列从未进口到英国的塑像，如41件荷兰人家庭像、14件荷兰骑士像、110件荷兰人像	1703年在伦敦拍卖
4	Union	1703年抵达厦门	22筐白瓷塑像，包括2件荷兰人家庭像、2件荷兰人像、2尊圣母玛利亚像、65尊讲坛教士像、3件没有教士的塑像	1705年3月在一连串拍卖会中出售
5	Fleet	1705年9月以前返回英国	2240件狮子、118件Double Josses、310件鸟、35件大象	
6	Regard	1705年9月以前返回英国	4尊圣母玛利亚立像	1705年9月出售
7	Tavestock	1706年4月	4尊圣母玛利亚立像、6小件白釉仕女像、6件白釉巧克力杯等	
8	Somers	1707年6月以前返回英国	2件骑马人像、2件公鸡、2件仕女婴孩像、2件小型仕女婴孩像、3尊圣母玛利亚立像、8件白釉玩具、9件后加彩狮子、10件后加彩塑像	1707年6月拍卖
9	Toddington	1707年6月以前返回英国	2件后加彩大塑像、1件后加彩仕女婴孩像、2件较小后加彩仕女婴孩像	1707年6月拍卖

二、技艺西渡

　　德化白瓷在被接受的过程中，甚至引发了仿制德化白瓷的海外热潮。1470 年欧洲人就开始学习德化白瓷的配方和制法，然而到了几百年后的 18 世纪初期，德国迈森皇家瓷厂才真正成功仿制德化白瓷，是为欧洲瓷器真正的滥觞。之后，欧洲相继建立的法国尚第里瓷厂、门尼西瓷厂、圣科得瓷厂、查得密瓷厂，英国切尔西瓷厂等，也都纷纷仿制生产德化白瓷。在德化白瓷的外销过程中，世界各地优秀文化相互融合、相互共鸣，为中外经济文化交流和中国古代制瓷技术的传播做出了有益贡献。

德国迈森皇家瓷厂烧造的白瓷观音造像（左）

德化白瓷母版（右）

明末清初

新加坡亚洲文明博物馆　藏

德化窑白釉堆贴梅花纹三足炉

明

高 8.8 厘米，口径 8.4 厘米

福建博物院　藏

- -

　　堆贴梅花纹多以折枝梅花的形式表现，是德化白瓷中最常见的装饰纹样之一，同样也是欧洲众多工厂仿制德化白瓷时经常采用的设计元素。

英国切尔西瓷器厂生产的白釉双耳瓶

18 世纪

器物身上的梅花图案灵感可能来自德化窑烧制的白釉堆贴梅花图案。

英国切尔西瓷器厂生产的白釉观音坐像

1750—1752 年

大英博物馆 藏

- -

　　此观音完全仿制德化窑白釉观音像。

第三节　续写传奇

德化，是一座山区小县，却伴瓷而兴、因瓷而名，走出了一条独具特色的发展道路。千年窑火，不曾熄灭。民国时期，德化瓷塑名家苏学金、许友义等承袭传统，在国际博览会上屡获金奖，驰名中外。新时期，德化重现光彩，成为全国最大的陶瓷工艺品生产和出口基地，白瓷产品销往海内外190多个国家和地区，从中国到世界，不断发出世界瓷都的时代最强音。

一、国际殊荣

　　1915 年，苏学金手塑德化窑白釉瓷梅花参加巴拿马万国博览会，并获得优奖。

　　民国期间，许友义创作的观音、木兰、关公、达摩等瓷雕作品，先后参加在日本、英国等地举办的国际展览会，获 4 次国际金奖，并被评为特等雕塑师。

苏学金制德化窑白釉麻姑献寿立像

美国大都会博物馆　藏

德化窑许云麟款白釉观音坐像

清末民初

高 32 厘米

广东省博物馆　藏

　　观音半跏趺坐于岩座上，上身侧向左前方，低首垂目，神态安宁，头顶螺髻，身着宽袖长袍，衣纹流畅，胸前结璎珞，左侧置一经书。后背书"许云麟"葫芦印和及"许裕源制"方印。

　　作者许友义（1887—1940），名进勇，号云麟，德化县浔中乡丁溪村湖前人，生于雕塑世家，是近代史上杰出的瓷塑艺术家。其作品在背部常盖有葫芦形"德化"、四方形"许云麟制"、花瓶形"许云麟"或"四方形许裕源制"篆字印记。

德化窑许云麟款白釉叶衣观音立像

清末民初

高 31.5 厘米，宽 17.5 厘米

福建博物院 藏

　　观音侧身立鳌鱼之上，盘高髻，披叶衣，束长裙，垂珠珮，左手持无锋宝剑，右手结说法印，宝相庄严。鳌鱼瞠目怒视，穿行于汹涌的海水中，纤毫毕现。

　　传说叶衣观音为观音变化身之一，以其所居山林，以树叶为衣而名，有祛疾、息灾的能力。

德化窑许云麟款白釉骑兽菩萨坐像

清末民初

高 37.5 厘米，宽 26.1 厘米

福建博物院　藏

- -

　　文殊菩萨手结说法印，跏趺坐于莲座上，下铺莲叶，由坐骑
青狮承托，披发冠宝珠，胸前结璎珞，周身帔帛飘摇，双目微合，
面容恬静。青狮昂首怒视，庞大粗拙，与菩萨形成对比。

德化窑 "博及渔人" 款白釉渡海观音立像

清

高 51.2 厘米，底宽 12 厘米

福建博物院　藏

　　观音盘髻，髻前戴如意花冠，长发垂至肩上。双目微合，面露微笑。肩披帔，身着宽袖衣裙，胸前饰璎珞，衣褶自然流畅。左手持经，右手自然放置身前，赤脚立于云座上。背部钤 "博及渔人" 四方形印章。

　　作者苏学金（1869—1919），名光铨，号蕴玉，常用雅号 "博及渔人"，德化县龙浔镇宝美村人，是近代瓷雕史上杰出的艺术家。

德化窑陈振义款白釉和合二仙像

清末民初

高 35 厘米

福建博物院　藏

- -

　　和合二仙是民间传说中主婚姻和合的两位圣人。此塑像中和合二仙为圆润可爱、笑容可掬的二童子。一童子头扎双髻，身着短衫长裤，戴耳环、项圈，腰束带系葫芦，赤脚站立，左手擎蕉叶，右手屈置身侧，含笑俯视。背面刻葫芦章"德化"。一童子头发披散，着短衫长裤，戴耳环、璎珞，右腿盘曲，左腿支立，着履，坐于一片大荷叶上，身前放一盒，盒中露出一只蝙蝠。背面钤"陈振义印"。通体施白釉，内中空，底露胎。

二、世界瓷都

1996 年　德化获评"中国陶瓷之乡"

2003 年　德化获评"中国民间（陶瓷）艺术之乡"

2003 年　德化获评"中国瓷都·德化"

2006 年　"德化瓷烧制技艺"被列入国家首批非物质文化遗产名录

2006 年　"德化白瓷"获批实施地理标志产品保护

2015 年　德化获评全球首个"世界陶瓷之都"称号

2021 年　德化窑址作为"泉州：宋元中国的世界海洋商贸中心"遗产点之一，
　　　　　被列入世界遗产名录

德化窑国礼《同舟共济》

现代
高 83 厘米，长 42 厘米，宽 20 厘米
德化陶瓷博物馆　藏

　　该作品为 2017 年金砖国家领导人厦门会晤国礼瓷，以 21 世
纪海上丝绸之路为题，以龙舟为基本造型，寓意金砖各国自强不
息，沟通江海；希望风帆薄如蝉翼，象征同舟共济、共荣共生；
娴熟的手工捏花技艺，象征繁荣昌盛。

德化窑"冰墩墩""雪容融"

2022 年北京冬奥会、冬残奥会吉祥物

高 20 厘米

- -

"冰墩墩"以熊猫为原型进行设计创作，象征着冬奥会运动员强壮的身体、坚忍的意志和鼓舞人心的奥林匹克精神。"雪容融"以灯笼为原型进行设计创作，代表着收获、喜庆、温暖和光明，体现了冬残奥会运动员的拼搏精神，以及尊重、关心的残奥精神。

德化陶瓷版"冰墩墩""雪容融"细腻光滑、色彩明丽、憨态可掬，不仅彰显了中国制造的巧妙与实力，也蕴藏着德化匠人的心思与梦想。

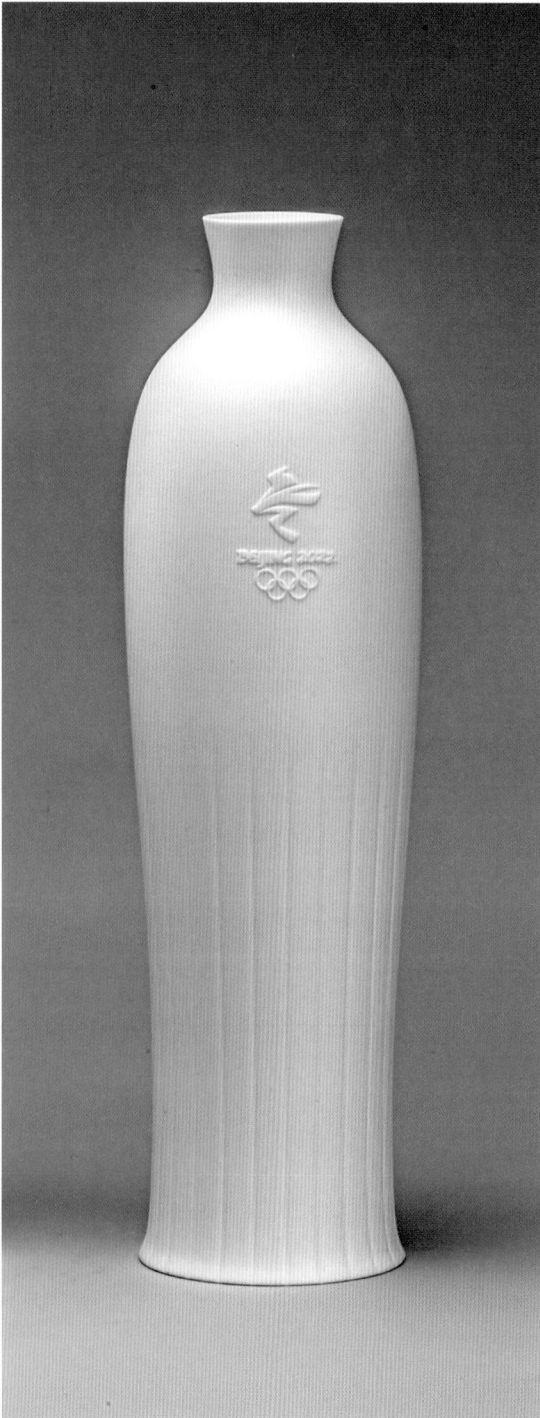

德化窑冬奥文君瓶、冬残奥文君瓶

2022 年北京冬奥会、冬残奥会官方指定国礼

高 56 厘米

　　"冬奥·文君瓶"瓶身浮雕冬奥会会徽,暗刻 24 条竖纹,指代第 24 届冬奥会;"冬残奥·文君瓶"瓶身浮雕冬残奥会徽,雕刻 13 条竖纹,指代第 13 届冬残奥会,13 条线条为阳雕设计。两件作品相辅相成,既一致又有形态上的不同。刻线与阳雕的线条在底部形成似莲花瓣形,寓意和谐吉祥。冬奥会与冬残奥会会徽的展现与整体瓶身和谐相称,体现中国文化的含蓄之美。

德化窑小蛮腰啤酒杯

2022 年卡塔尔世界杯官方授权特许商品
高 15.4 厘米，口径 9.5 厘米，底径 6.6 厘米

- -

　　该作品精选德化优质原矿高岭土为原料，以足球界的最高荣誉象征的"大力神杯"为原型打造而成。杯型纤细又有曲线，整体造型流畅；稳贴合手，符合人体工程学设计；杯身使用烤花工艺，刻绘了卡塔尔世界杯图标与吉祥物图案，立体且动感十足。

后记

　　德化白瓷不仅是福建的骄傲，更是一张闪亮的中国名片。在"中国白 向世界——德化白瓷精品展"的筹备与举办过程中，我们深刻感受到德化白瓷所蕴含的深厚历史与文化底蕴。德化白瓷历经千年，作为中国白瓷的重要代表，不仅在国内享有盛誉，更在国际上赢得了广泛的赞誉。未来，我们期待德化白瓷能够继续在世界的舞台上发光发热，续写千年瓷窑的新篇章，向世界展示"中国白"的独特魅力。

　　本书的顺利出版，让我们倍感欣慰。在此，我们要向所有参与展览和支持图录出版工作的同仁及单位表达最深的谢意。感谢策划组、展览组、展品组、社教组、宣传组、文创组、安全组及后勤组每一位成员（详见展览团队人员名单）的辛勤工作。感谢福建省文化和旅游厅、福建省文物局的大力支持。感谢参展单位中国国家博物馆、故宫博物院、天津博物馆、山西博物院、上海博物馆、广东省博物馆、海南省博物馆、广东海上丝绸之路博物馆、福建民俗博物馆、泉州海外交通史博物馆、泉州市博物馆、德化县陶瓷博物馆的鼎力协助。正是由于大家的共同努力，这场德化白瓷的盛会才得以圆满成功。

　　因编者才疏，研究浅显，本书定有不到之处，尚祈高明雅正。

福建博物院展览团队

2024 年 4 月

图书在版编目（CIP）数据

中国白，向世界：德化白瓷的历史、艺术与外销 /
福建省文物局，福建博物院编 . - 福州：海峡文艺出
版社 , 2025.4
ISBN 978-7-5550-3722-4

Ⅰ . ①中… Ⅱ . ①福…②福… Ⅲ . ①白瓷（考
古）- 研究 - 德化县 Ⅳ . ① K876.34

中国国家版本馆 CIP 数据核字（2024）第 085938 号

编委会			编写组		
主 任	傅柴生		主 编	龚张念	
副 主 任	林文珍	陈方昌	副 主 编	林 林	
	楼建龙	龚张念	执行主编	郭月琼	
	张焕新		执 笔	郭月琼 余慧君 刘 阳 彭珠清	
			编 务	郭月琼 陈纯珍 徐咏怡	

资料版权声明：

本书部分德化白瓷影像及文字资料由所属单位提供，具体单位如下：国家博物馆、故
宫博物院、天津博物馆、山西博物院、上海博物馆、广东省博物馆、海南省博物馆、广东
海上丝绸之路博物馆、福建民俗博物馆、泉州海外交通史博物馆、泉州市博物馆、德化县
陶瓷博物馆。

中国白，向世界
————德化白瓷的历史、艺术与外销

福建省文物局　福建博物院　编

出 版 人	林 滨
责任编辑	朱墨山
出版发行	海峡文艺出版社
经 销	福建新华发行（集团）有限责任公司
社 址	福州市东水路 76 号 14 层
发 行 部	0591-87536797
印 刷	福建东南彩色印刷有限公司
厂 址	福州市金山浦上工业区冠浦路144号
开 本	889 毫米 ×1194 毫米　　1/16
字 数	300 千字
印 张	14.75
版 次	2025 年 4 月第 1 版
印 次	2025 年 4 月第 1 次印刷
书 号	ISBN 978-7-5550-3722-4
定 价	138.00 元